Margitta Paul
Biblia infantil para colorear
Para pintar y leer

AF287153

Margitta Paul

BÍBLIA INFANTIL PARA COLOREAR

Para pintar y leer

Margitta Paul
Biblia infantil para colorear
Para pintar y leer

Christliche Verlagsgesellschaft Dillenburg
www.cv-dillenburg.de

ISBN 978-3-89436-555-4

4a edición 2024
© 2007
Propiedad Literaria: Christliche Verlagsgesellschaft Dillenburg, Alemania
Traducción del alemán: Eva Sonnberger de Luis
Título original: "Kinder-Mal-Bibel"
Diseño de tapa: Eberhard Platte
Diseño del interior: Eberhard Platte tomado de ilustraciones
de Cornelia Gerhardt
Impresión: C.H. Beck, Nördlingen, Alemania
Categoría: Niños / Escuela Dominical

Printed in Germany

Contenido

Prólogo

Hace poco observaba desde mi ventana a un camachuelo. ¡Qué hermoso y con cuán hermosos colores Dios equipó y "vistió" este pequeño pájaro! Su gorrito negro, su cola negra, sus alas grisáceas, el chaleco rojo brillante y su traje azul y gris brillaban en el sol primaveral. El hombre no hizo esta decente combinación de colores, sino el Creador mismo.

Para este libro de colorear deseo que sean los colores los que puedan hacer vivir a las historias bíblicas conocidas y hacer familiares las historias desconocidas. El lápiz de color es para niños en edad preescolar uno de los medios más apropiados para que ellos conozcan la Biblia. Nosotros los adultos queremos ayudarles en la profundización al leerles las historias y hablar con ellos a través de las preguntas.

Margitta Paul

Una nota importante

La vida del Señor Jesús en esta Biblia de dibujo está presentada según los Evangelios. De esta manera ya les puede quedar claro a los chicos que cada evangelista veía al Señor Jesús desde un cierto punto de vista.

Al leer y explicar las historias los adultos deberán tenerlo en cuenta.

Nota de la traductora

Gracias le doy primeramente a Dios por haberme salvado por medio de la sangre preciosa de su Hijo Jesucristo y por darme el privilegio de haber estudiado más Su Palabra en el Instituto Bíblico Palabra de Vida, Argentina.

En uno de nuestros viajes a Alemania el Señor me permitió conocer a un traductor de la Biblia Infantil quien me animó a hacerlo en español. Es un material excelente para el trabajo con la niñez y lo ha sido para mis hijos también.

Agradezco también a mi esposo que siempre me apoya en todo y a Míriam Luis, Adriana Andrada y Graciela Babino para la corrección del castellano. Gracias también a todos que por fe participan de la divulgación de este material para la niñez en pasado, presente y futuro.

Eva Sonnberger de Luis

Antiguo Testamento

Creado por Dios
(Génesis 1 - 2)

Adán y Eva pasean por el Jardín del Edén. Ellos saben que Dios hizo todo lo bello alrededor de ellos. Él creó la Tierra.

Al principio había oscuridad por doquier. Por eso dijo Dios: "¡Que sea la luz!" Eso pasó el primer día. El segundo día hizo el cielo.

El tercer día separó la tierra del mar y dejó crecer las plantas. Ahora la tierra estaba bien colorida.

El cuarto día Dios creó el sol, la luna y las estrellas. Así que todo era hermoso, no solo de día, sino también de noche, con las estrellas resplandecientes.

Entonces, en el quinto día Dios creó todos los animales acuáticos y todos los pájaros diferentes que hay. ¡Había un hermoso trinar en el aire!

Después, al sexto día, Dios creó los animales terrestres, desde el elefante hasta una ardilla. Sí, y Él creó a Adán y a Eva – debían gobernar sobre una creación maravillosa.

Cuando Dios descansó al séptimo día, todo estaba exactamente como Él quiso. ¡Todo estaba muy bien!

Adán y Eva escuchan a alguien venir. Es Dios. Alegres caminan a su encuentro – ¡menos mal, que el poderoso Creador está con ellos!

1. ¿Quién hizo el cielo y la tierra?
2. ¿Qué lumbreras puso Dios en el cielo?
3. ¿Qué animales creó Dios? ¡Menciona a algunos!

La mala obra

(Génesis 3)

"¿Es cierto, que no pueden comer de ningún árbol?" Eva se detiene. "¿Quién habla ahí?" Allí, la serpiente. Eva le explica que pueden comer de todo, menos de un árbol. Dios lo había prohibido. Pero la serpiente tranquiliza a Eva y le insiste en probar una fruta.

¡Qué aspecto lindo tienen las frutas! Eva toma rápidamente una para sí y Adán. Ni bien la muerden, saben que la serpiente les mintió. Están tristes y con miedo. Solo el diablo, quien había hablado por la serpiente, está contento. No le gustaba para nada que el hombre y Dios se estuvieran llevando tan bien.

Adán y Eva se visten con hojas. Cuando escuchan venir a Dios, se esconden rápidamente. Pero uno no se puede esconder de Dios y Él sabe, qué sucedió. Los hombres eran desobedientes. Dios tiene que castigarles por ese pecado. Los echa del hermoso jardín. ¡Qué tristes están Adán y Eva! Ya no pueden simplemente ir a Dios.

¿Él ya no los quiere? ¡Sí los quiere! Él promete a Adán y Eva, que después vendría el Señor Jesús, quien arreglaría todo otra vez porque llevariá sobre sí el castigo de todos.

1. ¿Qué fue lo que Dios prohibió a Adán y Eva?
2. ¿Qué dice la serpiente a Eva?
3. ¿Qué castigo reciben Adán y Eva?

Noé construye un gran barco
(Génesis 6:1 - 9:19)

"¡Pum! – ¡Pum! – ¡Pum!" – Noé está trabajando. Él está construyendo un barco muy grande. Dios mismo le dijo que lo hiciera. Él también había dicho a Noé exactamente cómo él lo debía construir. Y Noé es obediente. Él hace lo que Dios quiere.

De manera bien diferente viven las personas alrededor de él. No hacen lo que agrada a Dios. Viven, como si Dios no existiera. Hacen muchas cosas malas. Por eso Dios decide destruir a las personas y a los animales. Solamente Noé y su familia serían salvos, junto con un macho y una hembra de cada uno de los animales.

Cuando Noé terminó de construir el barco, él, su familia y los animales entran. Dios cierra la puerta.

Empieza a llover, mucho y por largo tiempo. Grandes cantidades de agua cubren la tierra. Se hace cada vez más, hasta que aún las montañas más altas están bajo agua.

Todos los hombres y animales se ahogan. Sólo los que están en el barco quedan con vida. ¡Menos mal que Noé había creído y obedecido a Dios!

Después de un tiempo Dios hace que el agua regrese a su lugar. La tierra vuelve a estar seca.

Ahora Noé y su familia y los animales pueden salir del barco. Y Dios los bendice y les dice que se multipliquen y vuelvan a poblar la tierra.

1. ¿Qué le dijo Dios a Noé que hiciera?
2. Cuando todo está terminado, ¿quién puede entrar al barco?
3. ¿Quién cierra la puerta del barco y se encarga de que todos a bordo sean salvos del diluvio?

La construcción de una gran torre
(Génesis 11:1-9)

En la tierra de Sinear (el Irak de hoy) están trabajando arduamente. Los hombres se construyen casas. Quieren crear una ciudad con una torre muy alta. Su cima tiene que alcanzar hasta el cielo.

Ellos dicen: "Con eso seremos famosos y poderosos. Ya no necesitamos de Dios." Pero después del duro trabajo de pronto no pueden seguir construyendo.

¿Qué pasó? ¿A qué se debe?

Las personas hablan entre ellas pero no se pueden entender. Se terminan peleando. Antes habían hablado el mismo idioma. ¿Por qué uno no entiende más al otro? ¿Por qué de repente cada uno habla un idioma diferente?

Dios lo había querido así. Él había dicho que se esparcieran por toda la tierra. ¿Y qué habían hecho los hombres? Habían empezado a construir una ciudad, una gran torre, para estar todos juntos en un lugar, para ser respetados y poderosos.

Su orgullosa confianza no puede agradar a Dios. Son desobedientes y sólo piensan en sí. Por eso Dios había confundido su lenguaje. No se pueden comunicar más, abandonan la ciudad y se esparcen por toda la tierra.

1. ¿Qué construyen las personas en la tierra de Sinear?
2. ¿Por qué de repente no se entienden más?
3. ¿Qué pasa cuando no se pueden entender más?

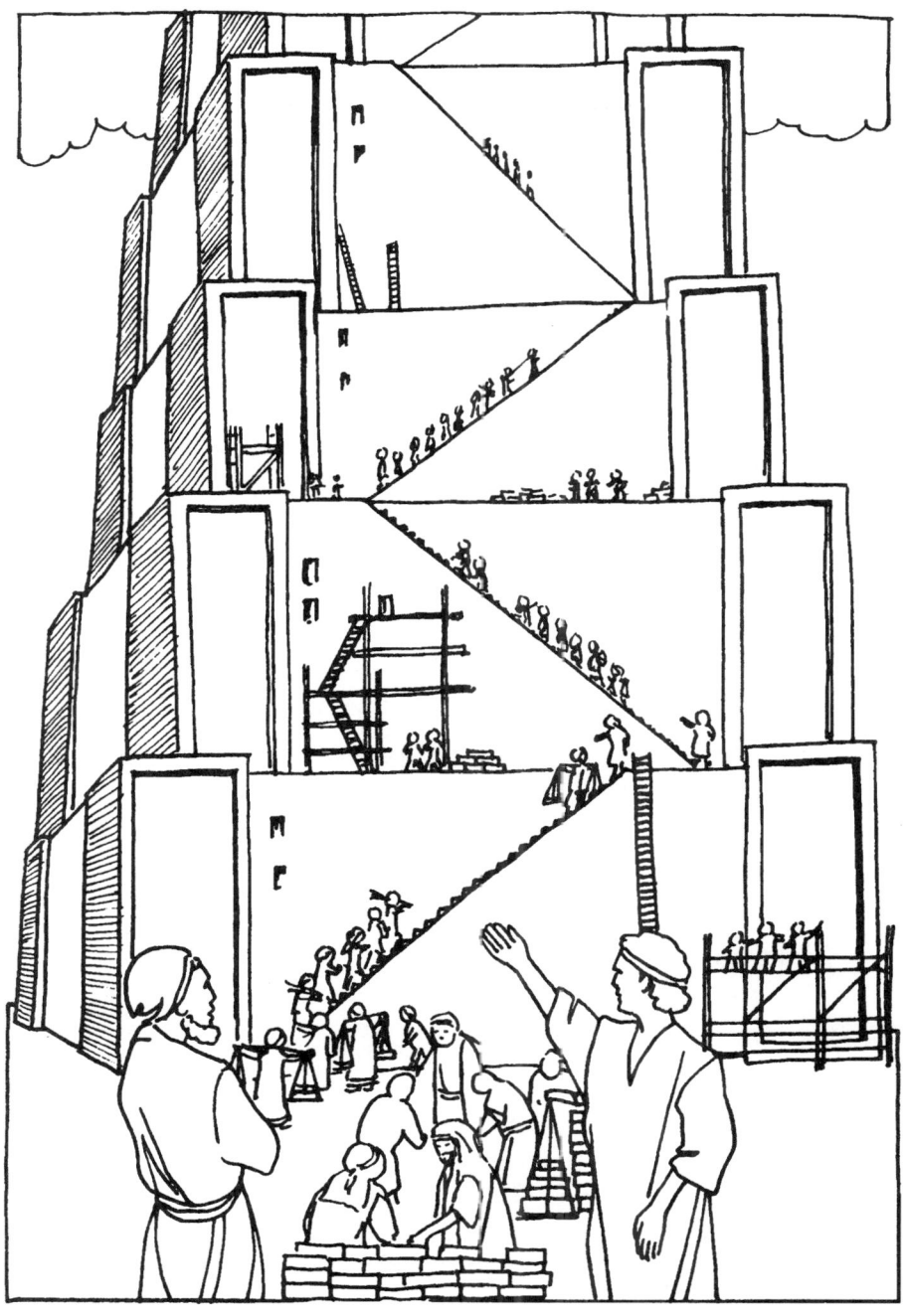

Abraham va a una tierra desconocida
(Génesis 11:27 - 12:9)

Abraham vive en una ciudad cuyos moradores no creen en Dios. Adoran imágenes de madera o piedra, a las cuales llaman dioses. Muchas veces se burlan de Abraham porque él no participa en esto. Él cree en un Dios vivo.

Un día Dios le dice: "Abraham, quiero que dejes esta ciudad y vayas a un país que te mostraré. Yo te bendeciré a ti, tus hijos y a los hijos de tus hijos. Y estaré contigo. ¡Quiero que de ti salga un gran pueblo!"

Abraham se pregunta una y otra vez: "¿Dejaré mi casa, mis amigos y parientes? ¿Empezare una viaje sin saber a dónde ir?" Esta es una decisión difícil.

Abraham ama a Dios y confía en Él. Así que decide ir. Su esposa Sara y su sobrino Lot le acompañan. También van con él sus siervos, con muchos camellos, ganado, ovejas y cabras.

Nadie conoce el camino. Todos siguen a Abraham y él obedece lo que Dios dice, aunque no puede verlo.

Es un viaje largo y lejano porque no hay un tren, un auto o un avión. Los camellos los llevan día a día.

Cuando por fin llegan a la tierra de Canaán, Dios dice a Abraham: "Un día te regalaré a ti y a tus hijos esta tierra!" Abraham se pone muy contento por eso y construye un altar y agradece a Dios.

1. ¿Qué dice Dios a Abraham?
2. ¿Cómo reacciona Abraham a la demanda de Dios?
3. ¿Qué promete Dios a Abraham?

Abraham y Lot se separan
(Génesis 13: 5-18)

Abraham y su sobrino Lot son muy ricos. Cada uno posee grandes cantidades de ovejas y pastores que cuidan a los rebaños. Pero el valle, en el cual están por el momento, tiene demasiados pocos pastos y pozos de agua para tantos animales. Los pastores se pelean constantemente. Cada uno quiere llegar primero a los lugares de pastoreo y a los pozos para sacar agua.

"- No podemos seguir así", dice Abraham y llama a Lot para hablar con él. "- Lot", le dice, "no está bien que nuestros pastores se peleen y se peguen. Pero la tierra en la cual estamos, es suficientemente grande. Va a ser mejor que nos separemos. Así ya no habrá más pelea entre nuestros pastores. Lot, tú puedes escoger. ¿Adónde quieres ir?" Abraham actúa como le gusta a Dios. Él deja que el otro escoja primero y no pelea con él.

Lot descubre su ventaja y se decide enseguida por la tierra mejor. Está situada junto al río cerca de la ciudad de Sodoma. Pero allí viven personas que hacen lo malo.

Los hombres se separan. Abraham permanece en la tierra montañosa. Entonces Dios promete darle toda la tierra. Le va a pertenecer para siempre.

1. ¿Por qué se pelean los pastores?
2. ¿Cómo se comporta Abraham frente a Lot?
3. ¿Qué le promete Dios a Abraham?

Lot es salvado dos veces
(Génesis 14:8-24 y 18:16 - 19:29)

Lot se mudó a la ciudad de Sodoma. Los habitantes ya no creen en Dios. Hacen lo que quieren. Un día irrumpe la guerra. Sodoma y Gomorra son saqueadas y los presos llevados en cautiverio. Lot también está entre los prisioneros. Cuando Abraham se entera de eso, libera a Lot. Sus amigos y siervos le ayudan. Pero Lot no aprende. Él vuelve a vivir en Sodoma.

Un día cuando hacía mucho calor Abraham recibe la visita de tres hombres. Son ángeles que le quieren dar un mensaje: ¡Dios iba a destruir Sodoma y Gomorra! Las personas allí hacen cosas terribles y malas. Abraham pide que la ciudad sea guardada a salvo. Quiere que Lot y su familia sean salvos.

La misma noche dos ángeles van hacia Lot y le advierten: "-Dios va a destruir esta ciudad. ¡Date prisa, toma tu mujer, tus hijas y sus esposos y deja esta ciudad!" Rápidamente Lot, su mujer y sus hijas abandonan su linda casa. Los yernos de Lot no creen en esta noticia. Se quedan atrás.

Dios dijo: "- El que huye no puede mirar atrás para nada". Pero la esposa de Lot se detiene. Mira atrás a la ciudad por más que sabe que no puede. Enseguida se vuelve una estatua de sal. Cuando Lot y sus hijas están seguros, Dios destruye Sodoma y Gomorra.

En aquella gran ciudad no había ni diez personas que creyeran en Dios. Sin embargo, Dios había guardado a Lot.

1. ¿Por qué Lot y su familia tienen que dejar la ciudad?
2. ¿Cuál fue el error de la mujer de Lot?
3. ¿Quién había guardado a Lot y a sus hijas?

Abraham recibe un hijo
(Génesis 17:15-22 y 21:1-7)

Abraham y Sara viven en Canaán. Es el país que Dios les había prometido. Tristemente no tienen hijos. Lo peor es que las mujeres sin hijos muchas veces son burladas e ignoradas. Pero Dios es bueno y hace un tiempo había prometido a Abraham y a Sara un hijo. Se tenía que llamar Isaac. Primero los dos no lo podían creer porque ya estaban muy viejos. Sin embargo, si Dios lo dice, tienen que creerlo.

El tiempo pasa. Abraham y Sara todavía están solos. ¿Cuánto tiempo tendrán que esperar para que se cumpla la promesa de Dios? ¿Él lo olvidó quizás? Sara se vuelve impaciente.

Pero Dios no se olvida de nada. A veces Él permite que las personas esperen un poco más. Quiere ver si ellas, a pesar de eso, siguen siendo fieles y creen en Él.

Por fin llega el tiempo. Dios regala a Sara y Abraham lo que había prometido. Nace un varoncito. Muy contento Abraham lo tiene en sus brazos. Recibe el nombre: Isaac. Sí, Dios es bueno. Cumple lo que promete aún si tenemos que esperar un poco más.

Isaac crece, empieza a caminar y a hablar. Cuando ya es grande como para comer pan y carne, Abraham celebra una gran fiesta con su gente.

1. ¿Qué le promete Dios a Abraham y a Sara?
2. ¿Por qué no pueden creerlo?
3. ¿Qué nombre recibe el hijo de Abraham?

Abraham debe sacrificar a Isaac
(Génesis 22:1-19)

Abraham y Sara aman mucho a su hijo. Es lindo tener hijos. ¿Será que Abraham ama a su hijo más que a Dios? Dios quiere probar esto. Pero no se preocupen, la prueba termina bien.

Un día Dios le dice a Abraham: "- Toma a tu hijo Isaac y ve con él a las montañas. ¡Allí, en el lugar que te mostraré, tienes que sacrificarlo!" Abraham deseaba exclamar: "- No, ¡no lo haré!", pero él obedece a Dios. Abraham sabe que Dios no lo va a defraudar. Sólo quiere probar su fe.

A la mañana siguiente Abraham e Isaac parten. Tres días después alcanzan el lugar dónde Abraham tiene que edificar el altar. Isaac está contento porque han llegado a la meta. De repente Isaac dice: "Padre, ¿dónde está el cordero que tenemos que ofrecer?" Abraham casi no puede hablar y le dice: "- ¡Dios va a proveer un cordero!"

En obediencia y orando en silencio, Abraham construye un altar. Pone piedra sobre piedra y por último la leña. Luego toma a su hijo y lo pone sobre la madera. Cuando toma el cuchillo, en ese preciso momento, Dios lo llama: "- ¡Deténte! ¡No le hagas nada al muchacho! Ahora sé que me amas aún en las circunstancias más difíciles y que me obedeces."

Finalmente, Dios provee. Abraham descubre que un cordero se enredó en un arbusto y lo ofrece en sacrificio en lugar de su hijo. ¡Abraham pasó la prueba e Isaac fue salvo!

1. ¿Qué le pide Dios a Abraham?
2. ¿Qué quiere probar Dios en Abraham?
3. ¿Dónde está el animal que ofrece Abraham?

Una esposa para Isaac
(Génesis 24)

Isaac ya es adulto. Es hora de casarse. ¿Pero dónde se encontraría a una mujer que escucha a Dios y no ora a ídolos, tales como las mujeres del país de Canaán? Abraham sabe qué hacer. Manda a su siervo más fiel para que busque una novia para su hijo Isaac. El siervo sabe que sólo puede encontrar la mujer adecuada si Dios le ayuda en eso. Y así empieza un largo viaje.

Después de muchas semanas el siervo llega una tarde a Harán. Quiere dar de beber a sus camellos en el pozo. De pronto llegan de la ciudad las mujeres y chicas para buscar agua. El siervo está ansioso y piensa: '¿Cómo puedo encontrar entre tantas mujeres la correcta?' - "Oh Dios, ayúdame!", ora. "- Muéstrame la mujer que has designado para Isaac." Él acuerda con Dios una señal.

Mientras aún ora, viene una chica y llena su cántaro con agua. Entonces el siervo le pide: "- Dame un poco de beber." Ella es amable y le da agua diciendo: "- También le daré a tus camellos." El siervo se sorprende. ¡Esa era la señal en que él había acordado con Dios! ¡Entonces esta es la mujer que él está buscando para Isaac!

Cuando el siervo oye que ella se llama Rebecca y su familia pertenece a la gran parentela de Abraham, siente: "Esta mujer ama a Dios y es ideal para Isaac." Y el siervo no se equivocó. Rebecca está dispuesta a ser la esposa de Isaac y mudarse a Canaán. Isaac y Rebecca séran felices. Ellos siempre sabrán que Dios los ha unido.

1. ¿Por qué Abraham manda a su siervo hacia Harán?
2. ¿Qué le pide el siervo a una de las mujeres en el pozo?
3. ¿Cómo se llama la mujer que Dios ha planeado para Isaac?

Los mellizos Jacob y Esaú
(Génesis 25: 24-34)

Isaac y Rebeca tienen dos varones bien despiertos. Uno se llama Esaú, el otro Jacob. Ambos son mellizos. Su distinta manera de ser se nota a medida que crecen. Esaú es un muchacho que le gusta estar afuera en la naturaleza. Él es fuerte y un excelente cazador. Jacob no es tan fuerte. Prefiere trabajar en la casa, sabe cocinar muy bien y cuida de los animales.

Es mediodía. Cuando Esaú vuelve de la caza, Jacob cocinó una sopa muy sabrosa. Esaú está muy hambriento. Su astuto hermano tiene un plan. Así que dice a Esaú: "- ¡Sólo recibirás la sopa si me das tus derechos del que nació primero", porque el primer hijo recibía el doble de la herencia familiar y una bendición especial del padre.

Como Esaú tiene tanto hambre, le responde: "- ¡Puedes quedarte con mi herencia! No me interesa mucho. " El derecho de ser primogénito y la bendición de Dios no le importan. Jacob quiere que Esaú se lo prometa en serio. "- ¡Te lo prometo!", dice impaciente Esaú. "- ¡Dame por fin la sopa! ¡Tengo hambre!" Entonces Esaú come hasta saciarse y se va. ¿Será que después lamentará el error que cometió?

1. ¿Cómo se llaman los mellizos?
2. ¿Qué sabe hacer Esaú? ¿Qué sabe hacer Jacob?
3. ¿Por qué cosa Esaú cambia su derecho de primogenitura?

Jacob engaña a su padre
(Génesis 27)

Jacob y Esaú son hombres adultos. Su padre Isaac ahora es mayor y casi no puede ver. Él llama a Esaú para decirle: "- Anda, cázame un animal y prepárame un asado. ¡Después de comer te quiero bendecir!"

Cuando Rebeca escucha eso, corre hacia Jacob. Ella no quiere que Esaú sea bendecido. Rápidamente hace que maten dos cabritos y lo prepara de tal forma que tiene gusto a animal salvaje. Ella convence a Jacob que se ponga las ropas de Esaú. Ella ata las pieles de los cabritos alrededor del cuello y de los brazos de Jacob para que la piel se sienta como la de Esaú. Así lo envía a Isaac. "- ¡Aquí está tu comida preferida, padre!", dice Jacob. Al inicio el anciano padre desconfía. "- Pero, ¡si es la voz de Esaú!", dice. Pero después toca la piel de cabrito y piensa tener realmente a Esaú delante de él. No se da cuenta del engaño y bendice a Jacob en vez de Esaú. Ahora Jacob tiene miedo que su engaño sea descubierto.

Pronto vuelve Esaú de la cacería. Él prepara la comida al padre y se la trae. Cuando Esaú quiere ser bendecido, todo sale a la luz todo: Jacob engañó a su padre. Esaú sabe: La bendición especial puede ser dada una sola vez por el padre. Lleno de ira grita: "- ¡Esaú no sólo me sacó el derecho de primogénito, sino que también me engañó tomando la bendición que me correspondía! Ni bien muera mi padre, voy a matarlo."

Jacob reconoce que engañar es terrible. Eso no le gusta a Dios. Ahora Jacob tiene que huir a otro país.

1. ¿Qué le pide Isaac a su hijo Esaú?
2. ¿Cómo engaña Jacob a su padre?
3. ¿Por qué Esaú se enoja tanto?

Jacob huye a otro país
(Génesis 28: 1-5.10-22)

"Jacob, ya mismo tienes que salir de aquí. No va a ser bueno si tu hermano te encuentra." Mientras tanto, Rebeca le prepara rápidamente algunos alimentos para el camino y le aconseja: "- ¡Huye a mi parentela, a Harán! ¡Quédate allí hasta que el enojo de Esaú haya pasado!"

Jacob se va apresuradamente. Hizo mal muchas cosas y no está contento. ¿Será que Dios lo ama todavía? Cuando oscurece, Jacob tiene que dormir en el desierto. Se acuesta en el suelo, teniendo una piedra como almohada. Entonces tiene un sueño: Ve una escalera que baja del cielo hasta la tierra. Ángeles suben y bajan por ella y Dios lo mira desde el cielo y le dice: "Yo soy el Dios de Abraham y de Isaac. También quiero ser tu Dios. Estoy contigo y te protegeré por dondequiera que vayas. Te traeré de vuelta. Vas a tener muchos hijos y la tierra sobre la cual estás acostado te pertenecerá a ti y a tus descendientes para siempre. ¡Todo lo que prometo, lo voy a hacer!"

Entonces se despierta Jacob. Está asombrado. Dios no lo había rechazado. Había hablado con él en su sueño. Entonces Jacob llama a ese lugar "Betel" que significa "casa de Dios". Le promete a Dios: "- Si el Señor me protege y me trae de vuelta a casa, entonces Él va a ser mi único Dios. Le daré un sacrificio de agradecimiento y le perteneceré a Él mientras viva."

Jacob sabe que Dios lo perdonó y vuelve a ser feliz.

1. ¿Por qué tiene que huir Jacob?
2. ¿Qué sueña Jacob?
3. ¿Por qué Jacob vuelve a ser feliz?

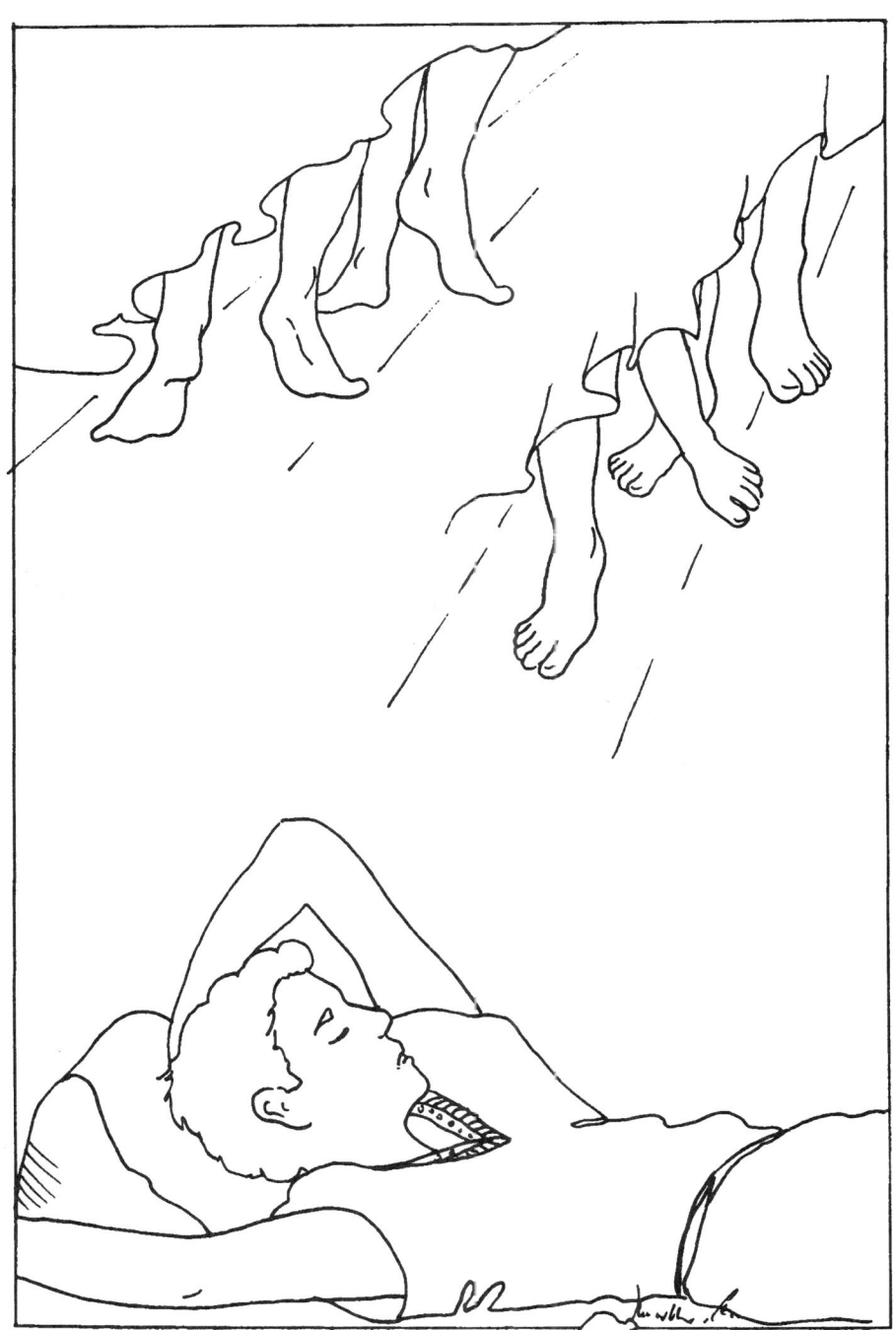

Jacob vuelve
(Génesis 31 y 32)

Jacob extraña su casa. Ya hace tiempo que vive en ese lejano país. Hace tiempo que no ve a sus padres ni su tierra natal. ¿Será que su hermano Esaú todavía lo quiere matar?

Durante los muchos años que Jacob vivió en Harán se hizo rico. Tiene esposa e hijos, esclavos y mucho ganado. Se preocupa pensando en su situación pero el padre de su esposa no lo quiere dejar ir, y los hermanos de su esposa tienen envidia de él. Entonces Dios le dice en sueños: "- Vuelve a casa. ¡Confía en mí! ¡Yo te guardaré!"

Jacob se va de Harán secretamente llevando consigo a su familia, sus esclavos, su ganado y todo lo que tiene. Después de muchas semanas de viaje llegan a Canaán. De repente Jacob recibe la noticia: "- ¡Esaú viene a tu encuentro y cuatrocientos hombres con él!" Jacob tiene miedo. Se preocupa por su familia y empieza a orar: "- ¡Oh, Señor!", clama," has hecho tantas cosas buenas conmigo. ¡Por favor, ayúdame también ahora! Esaú va a querer matarnos. Protégenos, ¡sálvanos de su ira!" Luego elige para su hermano los animales más bonitos. Quiere regalárselos. A la mañana siguiente todos cruzan el río Jaboc.

Al final llega el momento en el que Jacob y Esaú están frente a frente. Todo el miedo se fue. Ambos se saludan amablemente. Dios había escuchado la oración de Jacob. Esaú le perdonó.

1. ¿Qué es lo que posee Jacob?
2. ¿Qué hace Jacob cuando empieza a sentir miedo?
3. ¿Cómo se saludan Jacob y Esaú?

José y sus hermanos
(Génesis 37)

Jacob está orgulloso porque tiene muchos hijos. Pero José es su hijo favorito. Por eso los hermanos sienten envidia y están celosos de él. Le llegan a odiar aún mas cuando Jacob le regala a José una túnica especial y muy linda.

Una noche José tiene un sueño. Lo cuenta a sus hermanos: "- En el campo los manojos de grano de ustedes se inclinaban a mi manojo." Llenos de ira sus hermanos le gritan: "- ¿Esto quiere decir que por siempre nos tenemos que inclinaremos ante ti?"

Más tarde José tiene otro sueño. Esta vez se lo cuenta a sus hermanos y a su padre. "- En mi sueño se inclinaron el sol, la luna y las estrellas ante mí." Entonces se enoja el padre y dice: "- ¿Quieres decir que tu madre, tu padre y tus hermanos se inclinarán delante de ti?" Los hermanos están furiosos: "- ¡Le vamos a dar una lección!", dicen, "así dejará de hacerse el loco!"

Un día José va a ver a sus hermanos. Ellos están pastoreando los animales. Cuando llega José, le quitan la túnica hermosa y a él lo tiran en un pozo. Menos mal que el pozo no tenía agua. ¿Logrará José salir de allí? Eso no parece interesarles mucho a los hermanos.

De pronto aparece una caravana de negociantes. Los hermanos quieren deshacerse de José. Lo venden como esclavo a los mercaderes. Esto fue malo. Menos mal que José no está solo. Dios está con él.

1. ¿Qué recibe José de su padre?
2. ¿Por qué sus hermanos odian a José?
3. ¿Qué hacen los hermanos con José?

José en la cárcel
(Génesis 39 y 40)

"- ¿Adónde me llevarán los mercaderes?", piensa José. Cuando los negociantes llegan a Egipto, lo venden como esclavo. Un soldado lo lleva a Potifar, el primer oficial de la guardia personal del rey. Aquí va a trabajar José. Él obedece a todas las instrucciones con disposición. Hace todas las tareas con diligencia y excelencia, y todo le sale bien. Dios no olvidó a José. Por eso José tampoco quiere olvidar a Dios.

Día tras día la esposa de Potifar observa al nuevo siervo. Le agrada. Quiere ser infiel a su marido invitando a José a hacer lo malo. Mas José rehúsa, mostrando así, que ama a Dios y le quiere ser fiel. Por venganza la mujer le cuenta a su marido una mentira: "- El siervo José me quiso seducir!" Sin escuchar a José, Potifar lo echa en la cárcel. Para José eso no es el fin. Es bueno saber que Dios lo sabe todo y no lo abandona.

En la cárcel también están el copero y el panadero de Faraón. A ambos Dios les habla a través de sueños raros. José explica a sus compañeros de cárcel, lo que quiere decir los dos sueños. Después todo sucede como José había explicado: Uno volvió a ser copero, el otro tuvo que morir. Antes de que el copero sea libre, José le pide que hable por su liberación a Faraón. Pero este se olvida, sólo piensa en sí. Pasan dos largos años y José es librado, por fin, de la cárcel.

José nos da un buen ejemplo de cómo podemos ser fieles a Dios.

1. ¿Para quién tiene que trabajar José en Egipto?
2. ¿Por qué José no hace lo que quiere la esposa de Potifar?
3. ¿A quiénes José les explica sus sueños?

José se encuentra con sus hermanos
(Génesis 42 - 45)

A José le va bien en Egipto. Dios se había encargado de que él tuviera la más alta posición en el país después de Faraón. Jacob y sus hijos padecen de hambre. Sólo en Egipto hay suficiente grano en los depósitos. Así que los diez hermanos se van para allá. Benjamín, el más joven, no puede ir. El padre tiene miedo de que le pase algo.

Sin sospechar nada, los hijos de Jacob van a ver al hombre que vende el trigo. No reconocen a su hermano José pero él a ellos sí. Él los trata severamente, pero no está enojado con ellos. Él quiere que ellos reconozcan su error y admitan que aquella vez hicieron algo incorrecto. Los hombres explican a José: "- Venimos de Canaán y somos doce hermanos. El menor tuvo que quedarse en casa y un hermano ya no vive más." José les da el trigo pero insiste en ver al hermano menor. Uno de los hermanos tiene que quedarse en la cárcel hasta que venga Benjamín. Allí es cuando se acuerdan los diez hermanos de lo que han hecho. Ellos dicen: "- Por haber tratado tan mal a José aquella vez, tenemos que sufrir ahora."

A la vuelta, al decir a su padre que Benjamín tiene que ir a Egipto, Jacob se desespera. Había perdido a José, ¿ahora también tenía que dar a Benjamín? Sólo le queda confiar a sus hijos en las manos del gran Dios. Cuando por fin los hermanos están enfrente de José con Benjamín, José se da a conocer a ellos. Los hombres están asustados, pero José dice: "- No estén tristes. Vean cómo Dios cuidó de mí. Id y traed a mi padre Jacob." Ahora los hermanos están contentos. José les perdonó.

1. ¿Por qué los hermanos viajan a Egipto?
2. ¿Cómo se llama el hermano menor?
3. ¿Cómo se porta José frente a sus hermanos?

Jacob y José se vuelven a encontrar
(Génesis 46:28 - 47:6 y 50:14-26)

Jacob se entera que su hijo José vive todavía. Ahora él quiere mudarse a Egipto y volver a verlo. No es fácil este viaje para Jacob debido a su edad. Pero Dios le dice que vaya y no tenga miedo. Jacob se alegra de que Dios lo entiende y confía en sus palabras. Jacob está ansioso: Ver a su hijo José después de tantos años trae muchas expectativas. ¿Cómo estará José? ¿Habrá cambiado mucho?

José no ve la hora de que llegue su padre. Va en un carro a recibirlo. Entonces llega el momento del reencuentro. Ambos se abrazan y lloran de alegría.

Jacob vive algunos años más en Egipto antes de quedar enfermo y morir. José está muy triste por la muerte de su padre. Pero él agradece a Dios que todavía pudo vivir diecisiete años a su lado.

Después de la muerte de Jacob los hermanos de José tienen miedo y dicen: "- ¡Ahora José se vengará de todo lo que le hicimos!" Pero José les promete no hacerlo diciendo: "- Ustedes me querían hacer algo malo pero Dios lo transformó en algo bueno para todos nosotros."

Todo terminó bien porque José estaba dispuesto a perdonar a sus hermanos. La próxima vez que tu tengas que perdonar a alguien, piensa en José y en su actitud.

1. ¿Quién se muda a Egipto con José?
2. ¿De qué tienen miedo los hermanos?
3. ¿Qué les promete José?

La princesa halla un bebé
(Éxodo 1:7 - 2:10)

"- ¡Tenemos un hermanito, un hermanito!" Míriam y Aarón aplauden y saltan de alegría. "- ¡Por favor, no griten!", les advierte la madre. "- ¡Quizás los soldados del rey nos escuchan y nos quitan al bebé!" – "- ¡No puede morir! ", clama Míriam. "- No", dice la mamá, "- lo voy a esconder en la casa y pedir a Dios que lo guarde."

Día a día el rey de Egipto envía a sus soldados. Ellos tienen que tirar al río Nilo a todos los bebés recién nacidos de los israelitas. El rey no quiere a este pueblo que vive en su país. Por eso Míriam, Aarón y los padres del bebé tienen miedo pues ellos son israelitas.

Un día la madre va al río. Ella busca juncos, vuelve a casa y hace una canastilla. Luego la hace impermeable pintándola con brea. Con mucho cuidado pone al bebé dormido en la canastilla y lo deja sobre el río, orando en voz baja: "- Oh mi gran Dios. ¡Por favor guarda a mi hijo!

Y Dios contesta esta oración. La hija del rey encuentra la canastilla con el niño pequeño a orillas del Nilo. Ella no lo entrega a los soldados, sino dice: "- Voy a cuidar del niño como si fuese mío. Va a llamarse Moisés, que quiere decir: sacado del agua." ¿No es ma-ravilloso Dios?

1. ¿Por qué el pequeño bebé tiene que ser escondido?
2. ¿Qué hace la mamá con juncos?
3. ¿Quién encuentra el bebé en la canastilla?

El príncipe que huye
(Éxodo 2: 11-22)

La hija del rey educa a Moisés como si fuera su propio hijo. Él vive en el palacio como un príncipe, aprende muchas cosas importantes y se hace muy inteligente. Pero él no olvida que es un israelita.

Cuando Moisés se hace grande, un día observa como un trabajador egipcio castiga muy malo a un israelita con un látigo. Moisés se escandaliza tanto por eso, que mata al egipcio. Eso no lo debería haber hecho jamás. Ahora no se puede quedar más en Egipto. Él huye al país de Madián.

Cansado y triste después de días de viaje llega a un pozo. Allí ve como unos hombres se portan mal con unas chicas. Son pastores. Ellos empujan a las chicas sacándolas de donde hay agua. Entonces Moisés interviene, las protege y las ayuda. El padre de estas chicas que se llama Reguel, está tan agradecido por lo que hizo Moisés, que lo invita a comer. Hasta le ofrece un trabajo como pastor y Moisés acepta. Moisés está contento porque Dios lo guió hasta allí y no lo desechó. Como pastor ahora él va a tener mucho tiempo para pensar sobre Dios y su amor.

1. ¿Por qué se enfurece tanto Moisés?
2. ¿Por qué tiene que huir?
3. ¿A quién le ayuda Moisés en el pozo?

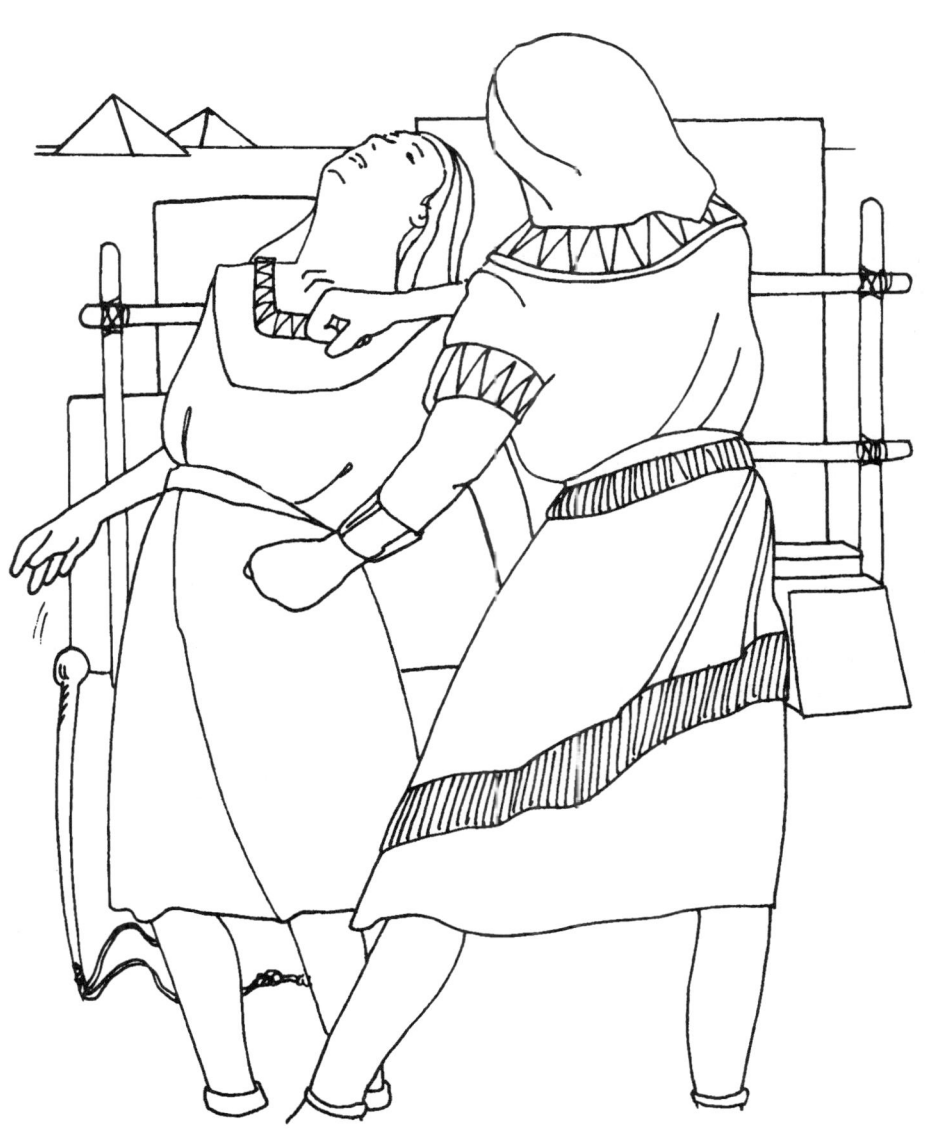

La zarza ardiente
(Éxodo 2:23 - 4:20)

Hace muchos años que Moisés vive en la tierra de Madián. Está casado, tiene dos hijos y cuida los rebaños de su suegro.

Una vez allí Moisés pastorea a sus animales cerca del monte de Horeb. De pronto ve como de una zarza sale una columna de fuego. ¿Pero cómo es eso? La zarza no se quema. Al acercarse escucha una voz que dice: "- ¡Moisés! ¡Moisés! No te acerques. Saca tus zapatos. El lugar que pisan tus pies es santo. ¡Yo soy Dios! El Dios de Abraham, de Isaac y de Jacob. " Moisés está muy asustado. Rápidamente Moisés tapa su cara. ¿Es el gran Dios que le habla? Y nuevamente escucha su voz: "- Mi pueblo tiene que trabajar arduamente en Egipto. Ellos sufren mucho. Tú lo tienes que sacar de allí y llevarlo a su país, la tierra de Canaán." – "- ¡No! ¡No!", exclama Moisés. "- No puedo hacer eso. ¡Nadie me escuchará!" Pero Dios lo consuela diciéndole: "- ¡Yo estaré contigo!" Pero Moisés le ruega: "Por favor envía a otro. ¡La tarea es demasiado difícil para mí!" Pero Dios le sigue diciendo: "- No tengas miedo, ¡yo te ayudaré! Aarón, tu hermano, irá contigo. No necesitas hacer la tarea tú solo."

Entonces Moisés reconoce: Es bueno confiar en Dios y obedecerle.

1. ¿Cuál es el trabajo de Moisés en la tierra de Madián?
2. ¿Quién habla desde la zarza ardiente?
3. ¿Qué tiene que hacer Moisés?

El corazón endurecido de Faraón
(Éxodo 6:28 - 10:29)

"Dios ha escuchado su clamor y ha visto su aflicción. Pronto serán libres e irán al país que Dios les prometió." Cuando el pueblo de Israel escucha esta noticia de Moisés y de Aarón, se llenan de alegría. "- ¡Dios no nos olvidó! ¡Dios es bueno!"

Luego los dos hermanos van al rey de Egipto. Le presentan la demanda de Dios para que deje al pueblo de Israel irse de su país. Esto enfurece mucho al rey. Él no quiere que Dios le mande nada. Inmediatamente este ordena que los israelitas trabajen más duro que antes. Moisés y Aarón están desesperados y sin saber qué hacer. Ellos no soportan más el clamor del pueblo y oran a Dios pidiéndole que actúe. Dios promete hacerlo.

Nuevamente Moisés y Aarón están delante del rey y piden que el pueblo sea liberado. Decepcionados se van del palacio. No habían logrado nada. Un poco después Dios hace que vengan terribles plagas sobre los egipcios. Primero todo el agua y aún el agua potable se vuelve sangre, luego todo está lleno de ranas, y después millones de moscas vuelan por todos lugares y estos bichos atormentan a las personas. Sin embargo Faraón continua duro. Ni siquiera cuando mueren los animales, cuando las personas reciben úlceras, cuando cae granizo del cielo, cuando miles de langostas arruinan la tierra y aún cuando por tres días no hay luz alguna y todos están en oscuridad, el rey no cambia de opinión. Él no deja ir al pueblo.

1. ¿A quién piden Moisés y Aarón dejar ir al pueblo?
2. ¿Qué ordena el rey egipcio?
3. Menciona dos plagas que Dios deja venir sobre los egipcios.

La primera Pascua
(Éxodo 11:1 - 12:33)

Una vez más Moisés se presenta delante del terco rey de Egipto. Ninguno de los nueve castigos que Dios había enviado lo llevaron a dejar ir al pueblo de su país. Ahora la paciencia de Dios había terminado. Es de noche, los egipcios duermen. Solo los israelitas y sus niños están bien despiertos. Sus cosas están empacadas. Todo está listo. El cordero para la cena de Pascua está degollado. El padre de la casa toma un manojo de hierbas, lo pone en la sangre del cordero y pinta con eso el marco de las puertas. Dios lo había mandado así. Por eso lo hacen todos los israelitas.

Dios envía esta noche un ángel por el país. Para los egipcios que no tienen sangre en sus puertas, viene ahora el peor castigo. El ángel entra en sus casas y en cada familia egipcia muere el hijo mayor. El hijo mayor de Faraón también muere.

En la misma noche el rey ordena: "- ¡Marchaos! ¡Dejad mi país! ¡Id y servid a su Dios! ¡Llevad todo lo que necesitáis!" Y así una gran multitud de hombres, mujeres y niños se van con sus carros y grandes manadas de animales. Dios los había salvado. Les había regalado la libertad. Ellos pueden dejar el país de Egipto e irse a su propio país.

1. ¿Qué pinta el padre israelita con la sangre del animal?
2. ¿Quién había mandado eso?
3. ¿Qué es por fin lo que pueden hacer los israelitas?

El camino en medio del mar
(Éxodo 12:34 - 15:21)

Por fin Faraón deja ir al pueblo. ¿Pero adónde tenían que ir? No saben el camino a Canaán. Moisés tampoco lo sabe. No hay señales en el desierto. Dios mismo se encargó de guiar a tantos niños, hombres, mujeres, personas mayores con sus manadas de ovejas, cabras y ganado. No los abandona.

Para que ellos sepan a qué dirección ir, Dios envía una nube que camina delante de ellos. Cuando la nube se detiene, ellos pueden armar sus carpas y descansar. De noche, cuando todo es oscuro afuera, la nube brilla como el fuego. De esta manera el pueblo puede ver día y noche adónde tiene que ir. Todos los israelitas lo saben y también los niños lo ven y entienden: ¡Dios está con nosotros! Él nos guía y nos protege.

Después de algunos días llegan al Mar Rojo. De pronto ven que se acercan corriendo los soldados egipcios. Entonces Moisés les dice en alta voz: "¡- No tengan miedo! ¡Dios nos ayudará!" Él extiende su mano sobre el agua. Se levanta un fuerte viento. El mar se divide. Se puede ver un camino transitable. Y es así como el pueblo llega sin daño alguno a la otra orilla Pero los egipcios mueren en las olas cuando el mar se cierra y vuelve a su lugar. ¡Qué agradecidos están los israelitas con su Dios! "- Sí, Él no nos deja solos. ¡Él ha hecho una gran obra!"

1. ¿Cómo encuentra el pueblo de Israel el camino a Canaán?
2. ¿Cómo es la nube de noche?
3. ¿Cómo pasan los israelitas por el Mar Rojo?

Los enemigos atacan
(Éxodo 17:8-16)

Caminar por el paisaje desértico y montañoso ha hecho que el pueblo de Israel tuviera sed, sueño y hambre. Muchos se sienten defraudados. Habían pensado que el camino al nuevo país sería más fácil. Aparte, allí hay enemigos y siempre tienen que contar con la posibilidad de ser atacados.

Cuando el pueblo está descansando, de pronto vienen los amalecitas. Quieren enriquecerse en los bienes de los israelitas. Moisés llama inmediatamente a Josué: "- Busca a los mejores hombres que necesitas para una batalla contra los amalecitas. Voy a subir a la colina más alta y levantar mi bastón. Mientras la mantenga en alto, Dios os dará la victoria."

Josué y sus hombres están dispuestos para proteger a su pueblo. Moisés también lleva a Aarón y a Hur. Cuando llegan al monte, Moisés extiende su bastón hacia el cielo. Es cierto. Los israelitas pueden hacer frente a los enemigos. Pero pronto el brazo de Moisés se cansa. Eso también es verdad. Ahora ganan los enemigos. Rápidamente Aarón y Hur traen una roca. Moisés se sienta en ella y los dos hombres mantienen a la derecha y a la izquierda sus brazos hacia arriba. Por fin la batalla ha terminado. Los israelitas han vencido a los enemigos. Moisés y sus fieles seguidores saben: no fueron los brazos erguidos ni el bastón que los salvó. Sólo Dios les dio la victoria.

1. ¿Qué les pasa a los israelitas en el desierto?
2. ¿Qué hace Moisés?
3. ¿Quién dio la victoria?

Los mandamientos de Dios traen bendición a todos
(Éxodo 20:1-17)

El pueblo de Israel ya está viajando hace un tiempo por el desierto. Vez tras vez Dios les guardó en la aflicción, les dio comida y bebida. Pero todo es muy diferente a Egipto. Allí se debía obedecer a los capitanes de esclavos y a las leyes del país. ¿Cuáles leyes valen ahora? ¿Qué es correcto, qué es incorrecto hacer?

Para que el pueblo sepa bien como comportarse, Dios llama a su guía Moisés al Monte de Sinaí. Allí le da los diez mandamientos: Dios tiene que estar en primer lugar. Nada ni nadie es más importante que el Creador y Salvador mismo. Su nombre es santo. El séptimo día debe ser para él. Dios quiere que honremos a papá y a mamá y les obedezcamos. Nadie tiene que matar al otro. Dios quiere que hombre y mujer, padre y madre sean fieles uno al otro. Él no quiere que robemos. No debemos decir mentiras acerca de otros a los demás. No debemos ser envidiosos.

Dios dice a Moisés: "- Si el pueblo no obedece a mis mandamientos les va a ir mal. Pero ser obedientes trae bendición a todos."

1. ¿Cuántos mandamientos Dios le da a Moisés?
2. ¿Qué debemos hacer con los mandamientos?
3. Menciona dos mandamientos de Dios.

La imagen de fundición destruida
(Éxodo 32)

Los israelitas no ven la hora de que Moisés vuelva del monte Sinaí y traiga los mandamientos de Dios.

"- ¿Qué hace Moisés? ¿Por qué tarda tanto?", se preguntan. "-Quizás no vuelva más, se enfermó o murió allá arriba." Unos dicen una cosa, otros otra. Nadie quiere esperar más. "- Aarón, ¿quién nos llevará ahora a la tierra de Canaán? Tu hermano no vuelve más. Haznos un dios que podamos ver y tocar. Queremos tener una imagen en pie como los otros pueblos."

En vez de consultar a Dios, Aarón decide: "- Traedme vuestros anillos y collares. ¡Hagamos con ello un becerro de oro!" Después de terminar la obra, Aarón ordena que levanten el dios. "- Sí", dicen, "- sea este nuestro dios. ¡Él nos sacó de la tierra de Egipto!" Aun adoran al becerro en lugar de Dios. Por eso Dios se pone triste y manda a Moisés que vaya rápidamente hacia ellos. Moisés se enoja y está decepcionado por el pueblo y rompe las tablas con los mandamientos de Dios en una roca. Luego saca al becerro de su lugar y lo echa al fuego. Todos están mirando, paralizados. Ellos entienden lo que hicieron contra Dios. Moisés sube otra vez al monte. Le ruega a Dios que perdone al pueblo. Y Dios es bueno y perdona.

1. ¿A quién esperan los israelitas tanto tiempo?
2. ¿Qué le piden a Aarón?
3. ¿Qué hace Moisés con el becerro de oro?

La salvación después de la mordida de serpiente
(Números 21:4-9)

"- ¿Cuándo estaremos por fin en Canaán? Ya no tenemos ganas de caminar." "- Moisés, es tu culpa que ahora estemos mal. Otra vez no tenemos nada para beber. Y la comida es siempre la misma. ¡Ay, si tan solo nos hubiéramos quedado en Egipto! Entonces tendríamos suficiente carne." A medida que pasan los días, los israelitas están cada vez más inconformes. Se quejan y hasta acusan a Dios.

En reacción a esto Dios les envía serpientes venenosas a su campamento. Muchos israelitas son mordidos y mueren. Otros reconocen lo que hicieron mal y corren a Moisés: "- ¡Lo sentimos! Hemos pecado, hemos hecho injustamente contigo y con Dios, fuimos desagradecidos. Moisés, por favor, ¡ora a Dios y pide que nos libre de las serpientes!"

Moisés ora enseguida por el pueblo. Y Dios lo atiende. Dios también le dice como el pueblo puede ser salvo: "- Haz una serpiente de metal y levántala sobre un palo. El que es mordido, que mire a la imitación. ¡Y no morirá!"

Moisés hace lo que dice Dios. Pone la serpiente de metal en un palo visible para todos. Muchos vienen corriendo, miran hacia arriba donde está la serpiente y no mueren. Ellos saben: los salvó sólo su fe en la promesa de Dios.

1. ¿Por qué manda Dios las serpientes en medio del pueblo?
2. ¿Qué tiene que construir Moisés?
3. ¿Qué tienen que hacer los israelitas para no morir?

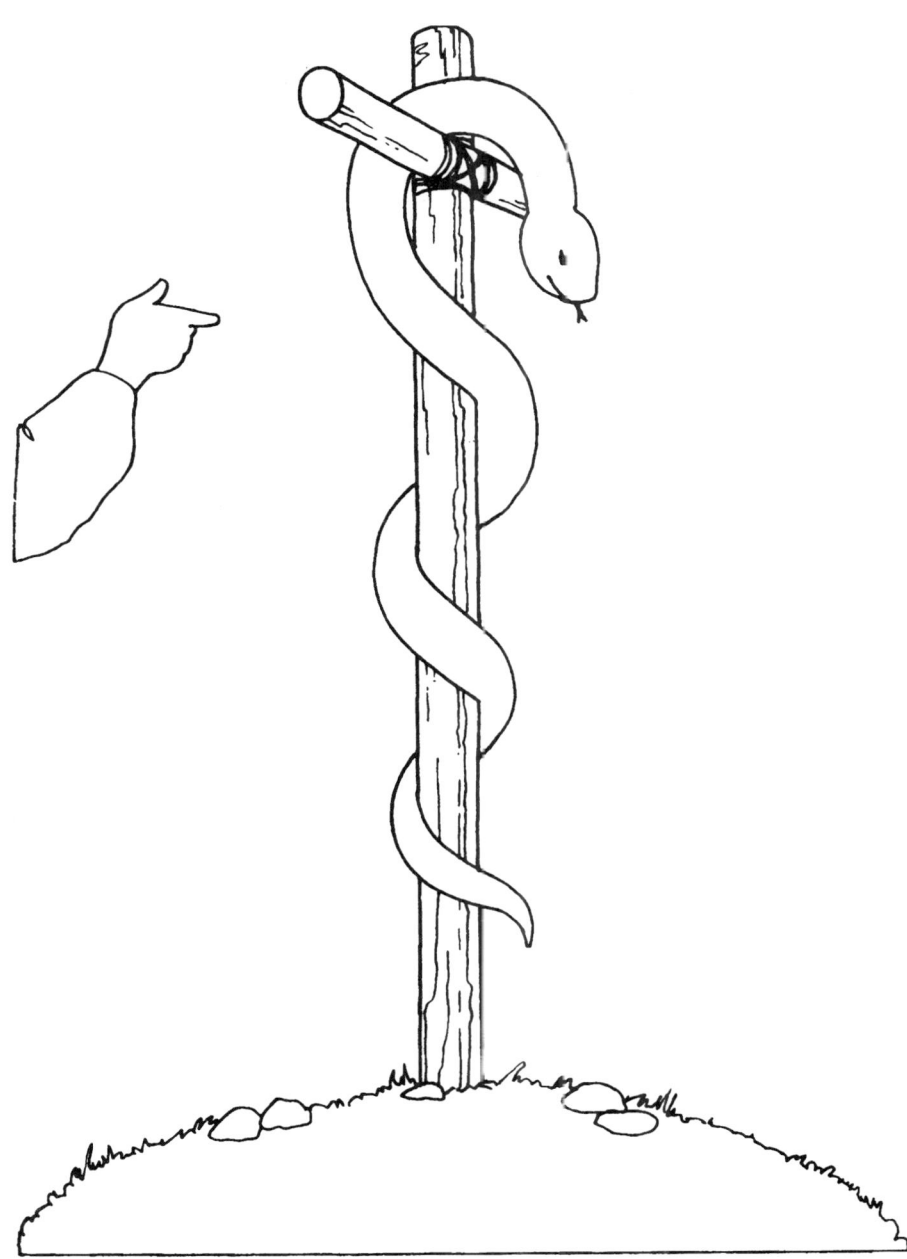

Rahab y los extranjeros
(Josué 2)

"-¡Oye, Rahab, abre! ¡Por fin! ¿Dónde has escondido a los dos hombres? ¡Sácalos, son espías de Israel! ¡Tenemos que meterlos presos!"

"- Sí, estuvieron dos hombres conmigo. Pero se fueron cuando oscurecía. ¡Corred atrás de ellos para alcanzarlos!" Sin vacilar, los mensajeros del rey acatan el consejo. Y ya se fueron de la ciudad.

¡Eso estuvo cerca! Casi descubren en su escondite a los dos hombres que tenían que reconocer la tierra. Agradecidos, preguntan a Rahab: "-¿Por qué no nos has traicionado?" "- Yo sé que vuestro Dios vive", responde Rahab. "Él os dará la ciudad. Todos los habitantes de Jericó tienen mucho miedo de vosotros. Hemos escuchado de las grandes obras de Dios, como os ha sacado de la tierra de Egipto. Ahora me tenéis que prometer que no vais a hacer ningún daño a mis familiares cuando toméis la ciudad."

Y eso no es problema para los mensajeros. Ellos acuerdan ein que Rahab tiene que colgar un cordón rojo en la ventana. De ese modo a nadie de esta casa le pasaría algo cuando sea conquistada Jericó.

Rahab está contenta por eso. Ella hace que los dos bajen con una soga por el muro de la ciudad, sin que nadie se dé cuenta.

Como ella cree en ellos, hace los preparativos para su salvación.

1. ¿Cuántos hombres tiene Rahab escondidos en su casa?
2. ¿Por qué escondió a los hombres?
3. ¿Qué es los que tiene que colgar Rahab en su ventana para que no les pase nada en la toma de la ciudad de Jericó?

La familia de Rahab preservada
(Josué 6)

El pueblo de Israel se enfrenta a un problema: ¿Cómo tomar la ciudad de Jericó que está rodeada de muros muy gruesos y fuertes? Pero Dios tiene una respuesta preparada y la pasa a Josué, el guía del pueblo de Israel: "- ¡Levantaos y marchad alrededor de la ciudad, una vez por día!" Dicho y hecho. A la noche todos se encuentran otra vez en el campamento y descansan porque al día siguiente les espera el mismo recorrido.

Los habitantes de Jericó observan el hecho con miedo y sin saber qué hacer. Se preguntan el uno al otro qué se proponen los israelitas al dar las vueltas a la ciudad: "- ¿Qué quieren hacer?" – "- ¿Quieren meternos miedo?" – "- ¡Así nunca van a conquistar la ciudad!"

Por seis días, los habitantes observan el espectáculo. Pero para el séptimo día, Dios había dado una nueva estrategia. El pueblo obedece levantándose temprano aquel día. Esta vez no dan una sola vuelta, sino siete vueltas alrededor de Jericó.

Entonces Josué da una señal. Los sacerdotes tocan las trompetas con fuerza y el pueblo irrumpe con un grito. Y los muros em-piezan a temblar, ¡y caen! El camino a la ciudad queda libre. En poco tiempo los israelitas conquistan y terminan con todo lo que había en Jericó.

Sólo Rahab y su familia quedaron a salvo tal como lo había prometido Dios.

Es cierto: ¡Podemos confiar en Dios!

1. ¿Qué rodea a la ciudad de Jericó?
2. ¿Qué debe hacer el pueblo el séptimo día?
3. ¿Quién queda con vida en la ciudad de Jericó?

Dios da coraje
(Jueces 6)

¡No es un buen tiempo para las personas en Israel! Vez tras vez hay enemigos que atacan el país y roban todo. Ya no hay casi nada para comer. Ahora, Dios quiere cambiar esta situación ahora. Él envía a Gedeón para liberar a su pueblo de los enemigos. En realidad Gedeón tiene miedo de esa tarea tan difícil. Pero Dios le va a ayudar, y se lo promete.

Es de noche. Gedeón está decidido a cumplir con la primera misión de Dios: Con la ayuda de sus siervos quiebra el altar y rompe la terrible imagen de un dios que la gente que su pueblo adora. Ellos han olvidado al Dios vivo.

La mañana siguiente se descubre la destrucción. La gente quiere matar a Gedeón. Pero Dios lo guarda. Ahora Gedeón tiene que prepararse en la lucha contra los ladrones madianitas. Lleno de preocupaciones, él se pregunta: "- ¿Será que Dios me ayudará a vencer al peligroso enemigo?" – "- Oh Dios", empieza a orar, "dímelo por favor. Dame una señal."

Gedeón toma un pellejo de oveja y ora: "- Señor, si esta lana se moja por el rocío de noche pero la tierra alrededor de ella queda seca, te voy a creer." ¡Qué sorpresa se lleva Gedeón a la mañana siguiente! La piel de oveja está bien mojada y la tierra seca. ¿Pero, y si fue solo coincidencia? "- Señor, haz que esta noche sea al revés y te creeré." Y realmente: El pellejo está seco y la tierra mojada. "- Oh Señor, ahora te creeré que nos vas a ayudar." Dios quita las dudas de Gedeón y le anima para su tarea.

1. ¿Quién tiene que salvar al pueblo de los enemigos?
2. ¿Qué cosas destruyen en la noche Gedeón y sus hombres?
3. ¿Qué pone Gedeón en el piso para que Dios pueda mostrar su voluntad?

Confiar en Dios es la mejor opción
(Jueces 7)

"- Gedeón, por qué quieres ir con solo trescientos soldados a la guerra? ¡Trescientos hombres son demasiado pocos! El enemigo es muy fuerte. ¡Vas a perder la lucha!. ¡Y qué cosas tan raras tienen que llevar ellos!: una antorcha, una vasija de barro y un cuerno para soplar en él." Gedeón sabe: Las armas y el número de soldados Dios lo determinó. Solo con la ayuda de Dios Gedeón va a poder vencer a los enemigos. Dios quiere mostrar que Él es el mayor y más fuerte y que vale la pena confiar solamente en Él. Llegada la noche, Gedeón se acerca en secreto al campamento enemigo. Dios le había dicho: "- ¡Escucha lo que los enemigos hablan allí. Volverás a cobrar animo."

Es cierto, Gedeón escucha cómo un soldado cuenta al otro su sueño: "- Gedeón es más fuerte que nosotros. ¡Nos vencerá!, porque Dios está de su lado." Cuando Gedeón escucha eso, se arrodilla y agradece a Dios.

Con mucho cuidado regresa y llama a sus trescientos hombres. Él les da las órdenes necesarias y la señal para la partida. Sin que nadie se dé cuenta, llegan al campamento enemigo. Ahora Gedeón da la señal combinada: Sus hombres tocan las bocinas, rompen las vasijas, mueven sus antorchas. Por el ruido repentino y el movimiento atemorizante de las antorchas, los enemigos están completamente confusos y huyen.

Dios hace que Gedeón y sus hombres derroten a sus enemigos. Sólo Dios lo hizo posible. Lo que él dice, es verdad. Se puede confiar en Él.

1. ¿Con cuántos hombres debe ir Gedeón a la batalla?
2. ¿Qué llevan consigo los hombres?
3. ¿Quién ayuda a Gedeón y a sus hombres a ganar?

Todo termina bien
(Rut 1 - 4)

En Israel los alimentos escasean. No hay nada para poder comprar. Noemí ya casi no tiene nada para cocinar. Sus dos hijos se quejan: "- ¡Madre, tenemos hambre! ¿Podemos tener algo de fruta?" Noemí no logra soportarlo ni un momento más. Así que ella y su esposo deciden ir al país vecino Moab, donde todavía hay suficiente comida.

Pronto los dos hijos crecen y llegan a ser hombres grandes. Ellos se casan con Rut y con Orfa de Moab. Pero pasa algo terrible. El padre y los dos hijos se enferman y mueren.

No haber tenido fe en Dios y no haber creído que Él les hubiera sustentado en su casa, fue un error y Noemí se da cuenta de ello. Y así es como decide volver a su tierra Israel. Rut la acompaña. Pero ¿cómo seguirá todo ahora? La suegra Noemí sabe qué hacer y envía Rut al campo de un pariente rico llamado Booz. Ella puede juntar las espigas que los siervos dejan caer en la cosecha. Booz llega a querer a Rut y se casa con ella. Más tarde ellos tienen un hijo. ¡No sólo los padres están contentos sino Noemí también! Su error es perdonado, y el Señor le regala muchas cosas buenas otra vez.

1. ¿Por qué Noemí y su familia dejan el país de Israel?
2. ¿Qué sucede de terrible en Moab?
3. ¿Quién va con Noemí de regreso y cómo todo vuelve a ser mejor?

Llamado por Dios
(1.a Samuel 1:1 - 3:21)

Es de noche. Samuel está acostado y piensa. Ya hace algunos años él es siervo en la casa de Dios. Sus padres lo llevaron allí para que sirva a Dios mientras viva. De este modo su madre cumplía una promesa que ella hizo a Dios cuando todavía no tenía hijos. En aquel entonces ella pidió a Dios un hijo. Este niño serviría a Dios por siempre. Dios escuchó su oración y poco después nació Samuel.

De pronto Samuel escucha algo y presta atención. Alguien lo llama. ¿Es Elí? Samuel se levanta y va hacia él. Pero Elí lo manda de vuelta a su cama. ¡Él no había llamado al muchacho! Dos veces pasa lo mismo. Por fin, Elí entiende que debe haber sido la voz de Dios. Él le aconseja a Samuel que diga la próxima vez: "- Habla, Señor, ¡tu siervo escucha!"

Ni bien vuelve Samuel a la cama, escucha su nombre: "- ¡Samuel! ¡Samuel!" Él contesta, como Elí le dijo. Dios le explica a Samuel que debe castigar a Elí y a sus hijos, porque los hijos de Elí hacen cosas muy malas y terribles, y Elí, el sacerdote, no los estorba.

Con temor, al día siguiente Samuel cuenta a Elí lo que Dios le dijo. Elí está triste pero sabe que Dios es justo y tiene que castigar el pecado.

1. ¿Por qué Samuel es un servidor en la casa de Dios?
2. ¿Cómo se llama el sacerdote en la casa de Dios?
3. ¿Qué le dice Dios a Samuel de noche?

Un joven pastor debe ser rey
(1.a Samuel 16:1-13)

Como todos los días David pastorea las manadas de ovejas de su familia en los campos de Belén. De repente un siervo de su padre viene corriendo. "- ¡David!", dice, casi sin poder respirar, "tienes que venir enseguida conmigo a casa! Está el profeta Samuel y te quiere ver. Vino a vuestra casa y pidió a tu padre que le presente a todos sus hijos. Pero cada vez que uno de tus hermanos estaba delante de él, él decía: 'No es el escogido de Dios.' Después de ver a todos tus hermanos preguntó por más hijos. Entonces me mandaron a buscarte."

Al escucharlo, David corre a casa. ¿Qué querrá Samuel de él? Él solo es el más joven de la familia.

Cuando David llega, Samuel ya está seguro y sabe cuál es la vo-luntad de Dios. El profeta camina hacia David y lo unge como rey, bajo la admiración de todos.

Dios no se deja impresionar por alguien alto, fuerte o hermoso. Él mira en el corazón de cada uno y lo conoce muy bien. Las personas que aman a Dios de corazón recto y cumplen sus tareas diarias fielmente, serán las que Dios un día utiliza para grandes cosas.

1. ¿A quién unge Samuel como rey?
2. ¿Qué es lo que no le impresiona a Dios en los hombres?
3. ¿Cuáles pequeñas obligaciones podemos hacer fielmente?

David y el gigante Goliat
(1.a Samuel 17)

David está emocionado y corre hacia adelante. Tiene un largo camino que recorrer. Su padre lo envía para que vea cómo están sus tres hermanos. Ellos son soldados de Israel en la guerra contra los filisteos. Por fin llega. ¡Pero nadie lucha! Todos tienen miedo.

Entonces David descubre un hombre enorme con una gran espada y con pesada armadura. Es el soldado más fuerte de los filisteos. Día tras día se burla de Dios y de los soldados de Israel. Nadie tiene el coraje de pelear con él.

De pronto David escucha al hombre enorme diciendo: "- El que venza mí, a Goliat, ¡venció a los filisteos! ¡Pero veo que son todos unos cobardes!"

Así que David toma su honda pastoril y cinco piedras lisas, y camina valientemente hacia Goliat. Este se ríe cuando ve venir a David. Pero David sabe: ¡Dios está conmigo! Rápidamente David hace girar a su honda y... ¡Sorprendente! ¡La piedra golpea a Goliat en la frente! Él cae, muerto. Los soldados de Israel gritan de júbilo. Y David está contento porque confió en el grande y poderoso Dios. Solo Él le ha ayudado a vencer a Goliat.

Dios no ha cambiado. También hoy Él ayuda a todos los que lo aman y confían firmemente en Él.

1. ¿Por qué David quiere pelear contra Goliat?
2. ¿Cómo vence David al gigante?
3. ¿Quién ha ayudado a David a vencer a Goliat?

Rodeado en los montes de En-Gadi
(1.a Samuel 24)

Está huyendo, tiene miedo, tiene que encontrar constantemente otro escondite. David quiere salvar su vida. Saúl está celoso y lo persigue ¡queriendo matarlo!

Saúl sabe que Dios ya no está contento con él. Dios ha escogido a David para ser su sucesor. El rey odia a David. Por nada en el mundo quiere dejarle su trono. El rey Saúl y sus soldados lo persiguen por largas distancias. David sabe: '¡Si él me encuentra, soy un hombre muerto!'

Saúl refuerza la búsqueda. Pronto han rodeado a David. Así que rápidamente David y sus hombres huyen a las cuevas de En-Gadi.

Ahora están bien escondidos adentro de la cueva. De pronto ven a alguien parado a la entrada de la cueva, muy distraído. ¡Es el rey Saúl! Nada sería más fácil que matarlo en este momento oportuno. Así David tendría paz. ¿Pero qué hace David? ¿Toma venganza ahora? No, él confía en su Dios. ¡No quiere matar al hombre quien Dios mismo puso como rey!

Cuidadosamente David se acerca a Saúl y corta una orilla de su manto sin que él se dé cuenta. Le quiere mostrar que tiene la convicción de no pagarle mal con mal.

Cuando las personas nos molestan y fastidian, no es correcto hacerles peor. David nos mostró que hay un mejor camino que devolver lo malo.

1. ¿Por qué el rey Saúl no soporta a David?
2. ¿Dónde se mantienen escondidos David y sus hombres?
3. ¿Por qué David no mata a Saúl?

El gran regalo
(2.a Samuel 9)

Delante del rey David se arrodilla un hombre joven. Ha puesto sus muletas a un costado. Es Mefi-boset, el hijo de Jonatán. Desde que tiene cinco años no puede ni saltar, ni correr, ni caminar. Este accidente ocurrió en medio de una guerra. La mujer que lo cuidaba tenía que huir con él, pero se cayó con Mefi-boset y él se lastimó terriblemente en sus piernas. Desde ese tiempo él está lisiado.

Ahora Mefi-boset es un hombre joven. El rey David permitió que viviera con él en el palacio. ¿Qué se propone hacer con él? David se inclina a él y dice: "- No tienes que tener miedo. Sólo quiero hacerte bien. Se lo prometí a tu padre. Puedes vivir conmigo en el palacio, recibirás nuevos vestidos iy siempre te voy a cuidar y proteger!"

Eso es un gran regalo y Mefi-boset sabe que no lo merecía. Lo acepta muy agradecido.

¿No nos ha regalado Dios también muchas cosas buenas? ¡Piensa cuáles son!

1. ¿Cuántos años tenía Mefi-boset cuando pasó el accidente?
2. ¿A quién el rey David prometió algo?
3. ¿Qué gran regalo le hace el rey a Mefi-boset?

Un rey reconoce: Dios es más fuerte
(1.a Reyes 17)

El rey Acab y su esposa no son buenos gobernantes. Sus corazones son malos, porque ambos desprecian al Dios vivo. Aparte, el pueblo hace lo mismo.

Un día el profeta Elías viene a visitar al rey. Dios no soporta más ver que el rey se comporte con tanta maldad y crueldad. Por eso envía a Elías con una importante noticia para el rey: "-El Señor, el Dios de Israel te dice: 'A partir de ahora ni rocío ni lluvia caerán, hasta que yo lo diga!'

Y realmente. No llueve más, ¡ni una gota siquiera! Toda la tierra se seca. Hombres y animales sufren esa falta de agua. Hambre y sed los torturan.

¿Y Elías? Dios ha cuidado de él. Lo envió al arroyo de Querit. Allí todavía corre agua fresca.

Y Dios también hizo que le llegue pan y carne, ¡volando! Los cuervos se lo traen en sus picos.

Pero con el tiempo aún el arroyo de Querit se seca. Y nuevamente Dios se ocupa del profeta. Lo envía a otro país. Allí hay una mujer dispuesta a dar lo último de su pan y agua a Elías.

Y como la mujer le da al profeta de Dios su última comida, experimenta una sorpresa. ¡Cada día tiene harina y aceite para hacer pan! Dios no sólo ha cuidado de Elías, sino también de la mujer pobre. Ahora ella y sus hijos siempre van a tener suficiente para comer. ¡Dios es grande!

1. ¿Cuál es la noticia que Elías tiene que dar al rey?
2. ¿Cómo es mantenido Elías con comida?
3. ¿Cuál sorpresa experimenta la mujer pobre?

Elías en el monte Carmelo
(1.a Reyes 18:21-46)

Desde lejos se escucha a los mensajeros del rey Acab que claman: "- ¡Todas las personas de Israel, venid al Monte Carmelo! ¡Es una orden del rey!" Pronto hay una gran multitud de gente en el monte. También vino el rey y sus sacerdotes de Baal.

"- Hoy vosotros podéis decidir a cuál Dios quieren confiar y servir: Al Dios vivo o a Baal, ¡a quien vosotros también llamáis Dios!", dice el profeta Elías en alta voz.

"Construid dos altares, uno al dios Baal y el otro al Dios vivo. Sobre ambos poned madera y un animal de sacrificio. El dios, que deje bajar fuego del cielo sobre el altar es el verdadero Dios. ¡En él confiaremos!" Elías observa como el pueblo está de acuerdo.

Los sacerdotes de Baal bailan, gritan y llaman en alta voz de la mañana hasta el mediodía a su dios. Pero no sucede nada. Es obvio: ¡Su dios es un dios muerto!

Ahora es el turno de Elías. Aparte, él hace que tiren doce baldes de agua sobre su altar, después ora a su Dios. De repente, ¡un rayo de fuego cae del cielo y el altar empieza a quemarse! Entonces el pueblo dice en alta voz: "- ¡El Señor es Dios! ¡De ahora en más queremos confiar en él!" También sucede otro milagro. Después de tanto tiempo de sequía Dios regala al pueblo de Israel la lluvia tan ansiada.

1. ¿Cómo se llama el dios muerto en quien creen el rey Acab y el pueblo?
2. ¿Cómo reconoce el pueblo que hay un Dios vivo?
3. ¿En qué Dios el pueblo quiere confiar ahora?

El milagro de las vasijas
(2.a Reyes 4:1-7)

La mamá abraza feliz a sus dos hijos, pensando en la miseria que pasó. La preocupación y el miedo la agobiaban cuando su marido murió. No podía pagar sus deudas y le dijeron: "- Si no puedes devolver el dinero, te sacaremos tus hijos. ¡Trabajarán como esclavos para pagar!" En su desesperación fue corriendo a Eliseo, el profeta. ¿Quizás él le podría ayudar?

Pero él solo preguntó: "- ¿Qué tienes todavía en casa?" Tenía solo una pequeña vasija con aceite. "Anda a todas las vecinas y pide prestado tantas vasijas vacías como puedas. Después ve con tus hijos a tu casa y pon tu aceite en las vasijas", dijo Eliseo. ¡Y ella lo hizo!, y todas las vasijas se llenaron.

Ahora el profeta le dice: "- ¡Anda y vende el aceite! Después, paga tus deudas. Puedes quedarte con el dinero restante para vivir de eso tú y tus hijos."

La mamá se siente muy feliz. Puede pagar sus deudas y sus hijos pueden quedarse con ella. Dios le hizo dos grandes regalos. Ella estaría agradecida por siempre.

Nosotros también podemos venir a Dios con nuestras necesi-dades. ¡Y su ayuda siempre es la mejor!

1. ¿Por qué la mujer acude en su problema a Eliseo?
2. ¿Por qué la mujer pobre puede pagar ahora sus deudas?
3. ¿Con qué necesidades podemos acudir nosotros a Dios?

El general leproso
(2.a Reyes 5:1-18)

Naamán es un general sírio. Es jefe sobre muchos soldados. Ya ha ganado muchas guerras. ¡Se hizo famoso!

Sin embargo él es una persona triste. Es leproso porque tiene una enfermedad de la piel terrible y mortal. ¿Qué podrá hacer?

Una muchacha de los cautivos que sirve en su casa sabe qué hacer. "- En nuestro país Israel, hay un profeta de Dios. Él podría sanar al general." La esposa de Naamán le lleva la noticia.

Así que él viaja a Israel y busca allí al rey. Pero éste reacciona encolerizado: "- ¡Yo no soy Dios! ¡Yo no te puedo ayudar!" El general se asusta. ¿Qué puede hacer ahora? Entonces Eliseo, el profeta de Dios, hace llamar a Naamán. "- Vé y lávate siete veces en el río Jordán, entonces quedarás sanado", manda decir Eliseo a través de un siervo a Naamán.

"- ¿Qué? ¿En esa agua sucia me tengo que bañar?" Naamán se enoja. En su tierra las aguas del río al menos son limpias. "- ¿No puede sanarme Eliseo de otra forma?" Como está enojado, quiere viajar de vuelta.

Pero sus siervos le piden que escuche a Eliseo. "- Si es tan simple. ¡Inténtalo al menos!" Naamán se deja convencer. Siete veces se baña en el Jordán. "- ¡Estoy sano! ¡La lepra se fue!" grita contento. Y realmente, Dios lo sanó. Ahora Naamán sabe: El que cree las palabras de Dios y las hace, no será defraudado.

1. ¿Qué le aconseja la muchacha de Israel a la esposa de Naamán?
2. ¿Qué la manda Eliseo al general?
3. ¿Quién sana a Naamán?

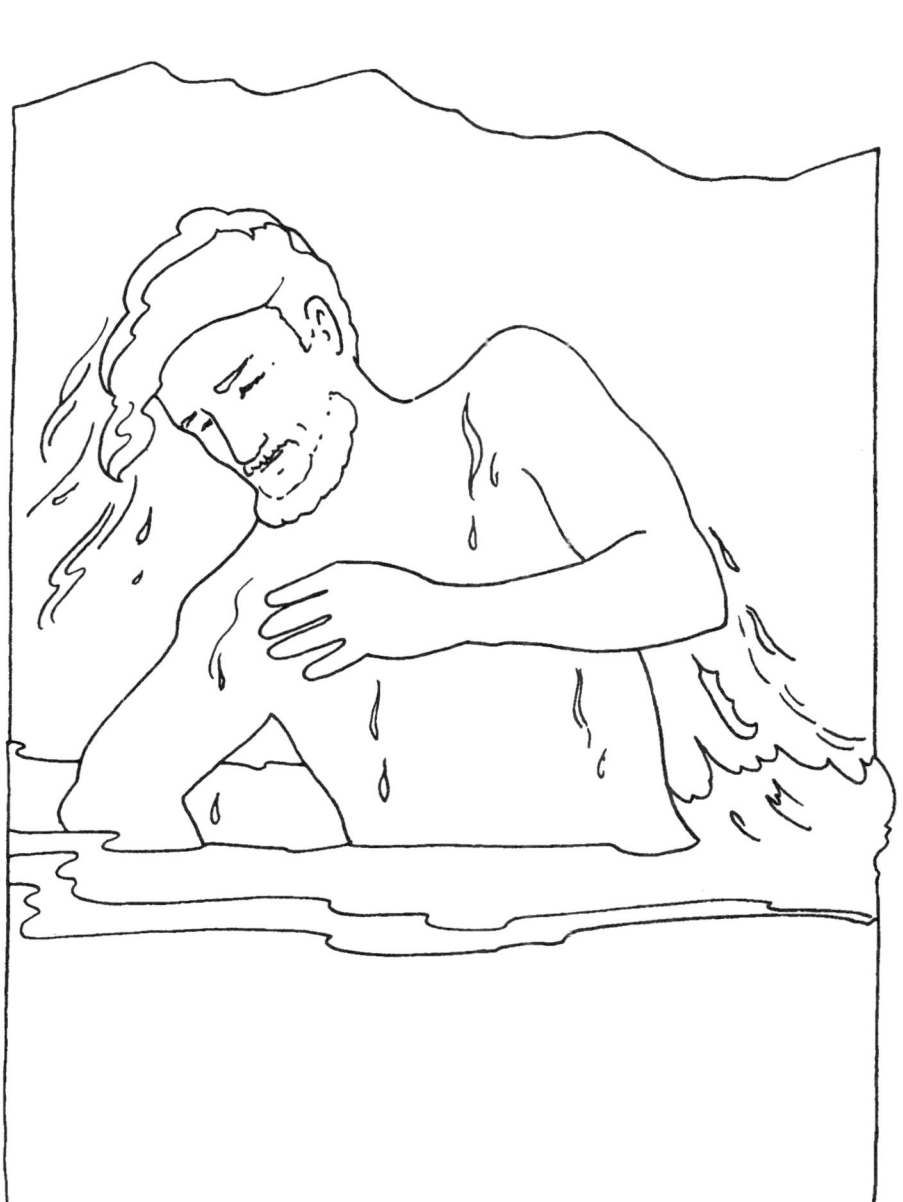

La enfermedad del rey
(2.a Reyes 18 - 20)

El rey Ezequías está muy enfermo. Sus médicos de confianza no saben qué hacer. De pronto se avisa que llegó visita para el rey. Es Isaías, el profeta. Ezequías está contento. Pero Isaías tiene una mala noticia para él: "- ¡Tienes que morir! ¡Prepárate para eso!"

El rey está aterrorizado, desesperado. Empieza a orar: "- Oh, Señor, tú sabes que siempre te he sido fiel. ¡Ahora he recibido esa terrible noticia de que tengo que morir!" Ezequías llora en alta voz. Y Dios escucha su oración. Dios ha visto las lágrimas de Ezequías y lo quiere sanar otra vez. Y a pesar que Ezequías ha orado por eso, ahora no lo puede creer. Por eso le pide a Dios una confirmación. Y Dios le da esa: Especialmente para el rey Ezequías se cambia la posición del sol y el día se hace más largo. El rey se sana como Dios lo ha prometido.

Pero después de poco tiempo el rey se olvida de lo que Dios hizo por él. Se hace orgulloso y soberbio. Dios ha regalado grandes riquezas y paz en el país. Ahora el rey piensa que todo fue su propio mérito. Cuando uno es soberbio, pronto hace errores. Un día vienen mensajeros del rey de Babilonia y Ezequías hace amistad con ellos, a pesar de que Dios no quiere eso.

Ahora Isaías le tiene que decir: "- Ezequías, después de tu muerte todas tus riquezas irán a Babilonia."

Esto nunca habría sucedido, si el rey hubiera permanecido fiel a Dios.

1. ¿Qué noticia recibe Ezequías de Isaías?
2. ¿Quién sana otra vez a Ezequías?
3. ¿Qué pasa con las riquezas después de la muerte de Ezequías?

Josías, el joven rey
(2.a Reyes 22)

Josías es un rey joven. Ama a Dios y quiere vivir como a Dios le agrada. No quiere ser como su padre Amón. Éste fue un mal rey. No buscaba a Dios y oraba a ídolos. Su pueblo, los israelitas, lo imitaban. Nadie iba más al templo, la casa de Dios.

Ahora el joven rey dice: "- No puede seguir así. Nadie ama a Dios. El templo está en malas condiciones y debe ser reparado. Para el culto, debe ser limpiado y ordenado."

Los artesanos están trabajando mucho. También el sacerdote Hilcías está presente. De pronto encuentra un gran rollo de las Escrituras. Lleno de emoción reconoce: Esta es la Palabra de Dios. Rápidamente corre al rey y le comenta del hallazgo tan importante. Josías hace que le lean la Palabra de Dios y se pone muy triste. En el rollo dice cómo se tienen que comportar los hombres y cómo tienen que creer en Dios. Entonces el rey exclama: "- Cuán triste debe estar Dios con nosotros. No hemos lo buscamos y hemos hecho muchas cosas malas. ¡Oh Dios, por favor, perdónanos!"

Josías lo dice en serio. Llama al pueblo junto a sí y les lee la Palabra de Dios. Entonces les pregunta si están dispuestos a vivir cómo le agrada a Dios. Todo el pueblo dice que sí y promete no hacer más lo malo. Quieren amar a Dios y obedecerlo, así como el rey.

1. ¿Qué casa manda a reparar el joven rey?
2. ¿Qué encuentra el sacerdote Hilcías en el templo?
3. ¿Qué hace el rey Josías cuando le leen la Palabra de Dios?

Jeremías y Baruc
(Jeremías 36)

"- ¡Oid todos! ¡Dios tiene una noticia importante para vosotros!" Llenos de curiosidad la gente se pone de pie. Baruc, el amigo del profeta Jeremías, está en el patio del templo abriendo el rollo de las Escrituras y comienza a leer. Todos escuchan atentamente sus palabras. Este acontecimiento es transmitido inmediatamente a los ministros. Ellos terminan su sesión y hacen llamar a Baruc. "- Por favor léenos de tu rollo. ¡Nosotros también queremos escuchar la noticia importante!" Cuando Baruc termina la lectura, los señores de alto rango quieren saber de quien vino esa noticia. Entonces llegan a saber que Jeremías escribió esas palabras por mandato de Dios.

"- Escondeos, tú y Jeremías", aconsejan los ministros a Baruc. "El rey los matará si escucha como Dios aborrece nuestra vida peca – minosa y qué desgracia nos espera."

Mientras tanto el rey está cómodamente sentado frente al hogar. Malhumorado, él escucha sus ministros: "- Oh rey, tenemos una noticia para ti. ¡Está en un rollo de las Escrituras!" Entonces él ordena: "- ¡Traedmelo inmediatamente! ¡Que mi escriba me lea todo de él!" Cuando el rey escucha el mensaje, se enfurece. Se da cuenta que Dios le está dando una advertencia y él no quiere oír eso. Él quema el rollo. Pero no se acuerda de que Dios sin embargo sabe todo. Sus palabras son válidas aún cuando los hombres las queman.

1. ¿Quién lee a los ministros un mensaje de parte de Dios?
2. ¿Qué le quiere decir Dios al rey?
3. ¿Por qué el rey quema el rollo?

Daniel dice: "- ¡No, gracias!"
(Daniel 1)

Muy lejos de Israel, en la gran ciudad de Babilonia, Daniel, sus amigos y muchos otros fueron traídos en cautiverio. Los babilonios asolaron Jerusalén y tomaron muchos prisioneros. El rey extranjero ordenó que trajeran al palacio a los jóvenes judíos más inteligentes. Aquí debían aprender las cosas más importantes para después servir como consejeros del rey.

Pero Daniel y sus amigos están un poco preocupados: El rey mandó que comieran de sus manjares. Daniel mira la abundante comida, el vino y dice: "- ¡No, gracias! No podemos comer eso. Los alimentos del rey están dedicados a los dioses. Amigos, iré al oficial del rey y le pediré que recibamos legumbres y agua."

El oficial de la corte no se lo permite porque no quiere desobe-decer el mandamiento del rey. Pero Daniel le ofrece hacer una prueba por diez días. El oficial del rey accede al pedido. Después del tiempo determinado Daniel y sus amigos tienen mejor parecer que los demás. De manera que siguen recibiendo legumbres y agua. Los cuatro están contentos.

Al término de los tres años el rey prueba a los jóvenes israe-litas. Él quiere saber qué han aprendido. Daniel y sus amigos dan las mejores respuestas. El rey los pone inmediatamente en su servicio como consejeros.

Dios los ha ayudado. Vale la pena serle obediente.

1. ¿Por qué Daniel no quiere comer los alimentos del rey?
2. ¿Qué quiere comer en vez de eso?
3. ¿Quién da las mejores respuestas en el examen?

Tres amigos en peligro
(Daniel 3)

Muchas personas se han reunido en una gran plaza. Con el sonido de una música todos deben arrodillarse ante una gran estatua de oro y adorarla. Pero, ¿qué es eso? Tres hombres permanecen parados. ¿No tienen miedo del castigo? Todo aquel que no se arrodille será lanzado al horno de fuego.

Sadrac, Mesac y Abed-Nego saben que sólo tienen que adorar al Dios vivo. Solo a Él se quieren inclinar. Los tres amigos son llevados de inmediato al rey Nabucodonosor. Les espera un terrible castigo. Aún así no quieren adorar a la gran imagen dorada. El rey se enoja: "- ¡Lanzadlos al horno de fuego, y calentadlo siete veces más de lo que ya está!"

Sadrac, Mesac y Abed-Nego son llevados atados al horno. Los hombres fuertes que los tiran adentro caen muertos, de tan caliente que está el horno.

De pronto el rey Nabucodonosor se asusta: "- ¿Pero qué es esto? Hemos lanzado tres hombres al horno. ¡Pero ahora hay cuatro caminando libremente por el horno sin quemarse! El cuarto hombre parece un ángel." Entonces el rey llama: "- ¡Vosotros, siervos de Dios! ¡Salid rápidamente del horno!"

Entonces salen – con ropa y zapatos. Nada se ha quemado, ni un solo pelo. Tampoco están oliendo a humo. Los tres amigos han confiado en Dios y Él los ha guardado en forma milagrosa.

1. ¿Por qué los amigos de Daniel no se inclinaron a la imagen?
2. ¿Cuál es el castigo que reciben los tres amigos?
3. ¿Quién estuvo con los tres amigos de Daniel en el horno de fuego?

Daniel es fiel a Dios
(Daniel 6)

Daniel es el mejor ministro del rey Darío. Muchos le tienen envidia. Sus enemigos no encuentran errores en él. Ellos van al rey. "- Oh rey, haz una nueva ley. Nadie puede orar en el mes próximo. Ni a Dios, ni a personas, ni a ti. El que no obedece debe ser lanzado al foso de los leones."

El rey está de acuerdo. Daniel lo escucha. Sabe perfectamente: Dios quiere que él ore. ¿Qué va a hacer?

Daniel se arrodilla frente a la ventana abierta y ora como lo ha hecho hasta ahora. Los hombres lo ven. Enseguida corren al rey: "- Daniel ora tres veces por día a su Dios. ¡Tiene que ir a los leones!"

Entonces el rey se pone muy triste. Él quiere a Daniel. Le quiere ayudar pero no puede cambiar la ley. A la tarde Daniel es traído al foso de los leones. El rey le dice de lejos: "- Tu Dios te ayude!"

Daniel sabe que Dios está con él aún si quizás ahora muere. En esa noche el rey no puede dormir. ¿Ayudará Dios a Daniel?

Bien temprano a la mañana el rey Darío corre al foso y llama: "- Daniel, Dios te pudo ayudar?" – "- Sí, oh rey, Dios envió un ángel. Los leones no pudieron hacerme nada." Daniel es sacado del foso y sus enemigos son castigados.

Daniel ha permanecido fiel a Dios y Dios lo preservó.

1. ¿Quién tiene envidia de Daniel?
2. ¿Por qué Daniel es lanzado al foso de los leones?
3. ¿Qué envía Dios para proteger a Daniel?

Jonás huye
(Jonás 1 - 4)

"- Jonás, quiero que vayas a Nínive y adviertas a la gente. Ellos hacen cosas muy terribles y malas. Si siguen así, ¡destruiré su ciudad!" Jonás escuchó el pedido de Dios. Pero no quiere obedecer. En realidad está enojado: "- ¿Por qué justo yo tengo que ir a Nínive? ¡Allí viven mis enemigos! ¡Que mueran!"

Apresuradamente Jonás corre al puerto. Allí encuentra un barco que lo lleva. Justo va a la dirección contraria de Nínive. Pero él no está feliz haciendo esto.

De repente se arma una tormenta. Olas del tamaño de una casa golpean contra el barco. La tripulación grita de miedo. Sin embargo, Jonás duerme. Pero no por mucho tiempo. "- ¡Ey, clama a tu Dios por ayuda, quizás él nos puede ayudar!" Enseguida Jonás está bien despierto. Vacilando, dice: "- Yo soy culpable por esta tormenta. ¡Yo quise huir de Dios! ¡Vamos, tiradme al agua, entonces parará la tormenta!" Los marineros lo hacen y la tormenta se detiene enseguida.

Jonás se encuentra en el vientre de un gran pez. Él le dice a Dios que ha sido desobediente. Pronto el pez lo escupe en la orilla y Jonás se va a Nínive. Pero, qué sorpresa al ver que la gente de esta ciudad, aun el rey, confiesan cuán malos y desobedientes han sido a Dios. Le piden a Dios perdón de sus pecados.

1. ¿Qué intenta hacer Jonás cuando escucha el mandato de Dios?
2. ¿Cómo salva Dios a Jonás del mar?
3. ¿Qué hacen las personas de Nínive cuando escuchan la noticia de Jonás?

El Nuevo Testamento

Nace el Señor Jesús
(Mateo 1:18-25)

Belén está repleta de gente. Ya no hay lugar allí, para dormir. Cansados y sin saber qué hacer María y José recorren la ciudad. Pronto va a nacer su primer hijo y nadie tiene un cuarto para ellos. Afuera está oscuro. José pregunta y sigue buscando. "- Pueden quedarse en mi establo", dice al final un dueño de posada. María y José aceptan la propuesta.

En esta misma noche María da a luz a su bebé. Es un niño especial: Jesús, el hijo de Dios, el Salvador del mundo. No nació en un palacio. Tampoco hay para él una cuna dorada, una camita adornada. El niño está en un pesebre envuelto en pañales. ¿Dios lo había planeado así? ¡Sí! El profeta Miqueas ya lo había predicho hace muchos años por mandato de Dios: en Belén nacerá el Hijo de Dios. Él es el que trae la paz a los hombres.

Nadie, en Belén, sabe quién ha nacido en el establo. Pero los ángeles que sirven a Dios en el cielo, saben que un gran acontecimiento pasó. Como en un gran coro ellos cantan: "- ¡Gloria a Dios en el cielo!"

1. ¿Dónde encuentran María y José un lugar para dormir?
2. ¿Dónde duerme el bebé?
3. ¿Por qué nació el Señor Jesús?

Los sabios del oriente
(Mateo 2:1-12)

"- Miren qué estrella especial está allá en el cielo." Llenos de emoción, hombres que conocen las estrellas observan el cielo. "- iEn algún lugar debe haber nacido un rey!", dice uno de los astrónomos. Los hombres descubren que la estrella indica que el rey debe nació en el país de los judíos. "-Tenemos que conocerlo", resuelven. Y así deciden empezar el largo viaje. Caminan por muchos días. La estrella es su único guía. Al final llegan a Jerusalén. Enseguida preguntan por el rey recién nacido. Pero las personas en Jerusalén no saben nada de un nuevo rey.

El rey Herodes llega a escuchar sobre de la inquietud de los hombres que vinieron de tan lejos. Los llama a su presencia y les hace muchas preguntas. Herodes tiene miedo del nuevo rey. Sólo él quiere reinar y nadie debe tomar su lugar. En este momento se le acercan sus consejeros y le confirman que las Sagradas Escrituras hablan del nuevo rey y que se le puede hallar en Belén.

Lleno de hipocresía, miente diciendo que él también quiere ver al niño para adorarlo y que si llegan a saber algo, le avisen.

Rápidamente los astrónomos abandonan el palacio y viajan a Belén. Allí encuentran a María y José con el niño. Llenos de temor a Dios caen de rodillas y sacan sus regalos: oro, incienso y mirra. Saben que este niño es algo especial. Él trae a los hombres la paz de Dios.

1. ¿Qué ven los hombres en el cielo?
2. ¿Los sabios encuentran al niño en Jerusalén o en Belén?
3. ¿Qué le regalan los hombres al niño Jesús?

La huida a Egipto
(Mateo 2:13-23)

"- ¡Despierta, María! ¿Escuchas? ¡Tenemos que huir enseguida!" Cansada, María se frota los ojos. "- José, ¿por qué me despiertas en medio de la noche? ¿Algo pasó?" "- Tenemos que dejar Belén enseguida y huir a Egipto. Todo lo demás te explico más tarde.", dice José en voz baja. "- María, trae el niño. Ya empaqué lo más necesario. El burro, nuestro animal de carga, ya está listo afuera." María siente que José está hablando en serio y que ella tiene que seguirlo. No tarda mucho, y los tres (María, José y el niño Jesús) salen de la casa. Es una noche oscura y nadie se da cuenta de su partida. En el camino, María y José hablan del por qué ellos tuvieron que huir tan rápido. José explica detalladamente lo que pasó en la noche: "- Un ángel me apareció en sueños. Me dijo que me levantara rápido, tomara al niño y huyera con ustedes a Egipto. ¡Herodes quiere matar al niño!"

Por muchos, muchos días la pequeña familia está de viaje. Dios los guarda en el camino. También en Egipto Dios los cuida.

Después de algunos años Herodes muere. José, María y el niño vuelven otra vez a Israel.

1. ¿Quién le dice a José que huya?
2. ¿Por qué José tiene que huir con María y Jesús?
3. ¿Quién cuida de la familia en el largo viaje?

La casa en la roca y la casa en la arena
(Mateo 7:24-27)

En una hermosa región plana de la montaña se acomodan los discípulos y el Señor Jesús. Èl sabe que sus amigos todavía tienen que conocer y experimentar mucho sobre Dios y la fe correcta. Él les quiere explicar que muchos adultos y niños se comportan bien, pero en su corazón no tienen lugar para Dios.

El Señor Jesús sabe que una vida sin Dios puede terminar mal. Y así es como les cuenta a sus discípulos una historia. Ellos tienen que aprender de ella cuán importante es no sólo escuchar la palabra de Dios sino también obedecerle a El.

Dos hombres quieren construir casas. Uno no tiene ganas de esperar mucho tiempo por su casa y elige un terreno arenoso para construirla en poco tiempo. El otro no ahorra esfuerzos ni trabajo. Construye su casa en la roca. Por fin, después de mucho tiempo de construcción, puede mudarse.

Después vienen fuertes tormentas. Llueve por muchos días. Viene una inundación. Ahora se va a mostrar quién construyó bien. La mañana siguiente se demuestra. La casa en el terreno de arena cayó en sí misma. Pero la casa sobre la roca quedó en pie. "- Veis, así es con la fe", dice el Señor Jesús, "decidíos por la fe verdadera. Ella aguanta dificultades y permanece para siempre. "

1. ¿Sobre qué fundamento construye cada hombre su casa?
2. ¿Qué constructor es sabio y por qué?
3. ¿Cuál casa permaneció en pie y por qué?

Pedro camina sobre el agua
(Mateo 14:22-33)

Cansados, los discípulos entran al barco. El Señor Jesús no está con ellos. Él se retiró a un monte para orar. Allí habla con Dios, Su Padre, sobre muchas cosas.

Ya es de noche. Sin su maestro, los discípulos parten al lago de Genesaret. De repente viene una fuerte tormenta. Hay olas que golpean el barco que se mueve de un lado para el otro. Los hombres casi no se pueden sostener. Tienen miedo, reman por sus vidas. "- ¡Oh, si tan solo estuviera el Señor Jesús ahora con nosotros!", piensan los discípulos desesperados.

Pero aún si el Señor Jesús deja a sus amigos solo por poco tiempo: Él sabe cómo están y no los abandona.

De repente los discípulos gritan: "- ¡Auxilio! ¡Un fantasma!" Pero no es un fantasma. Es el Señor Jesús. Él viene por el agua en ayuda de ellos. Lleno de coraje, Pedro le dice: "- ¡Señor, si eres Tú, manda que yo vaya hacia ti!" "- ¡Ven no más!", llama el Señor Jesús de vuelta. Entonces Pedro baja del barco y hace algunos pasos sobre el agua. Pero después tiene miedo y empieza a hundirse. "- ¡Auxilio! Señor, ¡sálvame! Enseguida el Señor Jesús está a su lado y toma su mano. Después le pregunta: "- Pedro, ¿por qué no has confiado en mí?" Juntos suben al barco. La tormenta y las olas se van.

Maravillados de todo eso, los discípulos caen a los pies del Señor Jesús diciendo: "- ¡Verdaderamente eres el Hijo de Dios!"

1. ¿Por qué los discípulos partieron sin el Señor Jesús?
2. ¿Qué quiere hacer Pedro cuando ve al Señor Jesús?
3. ¿Por qué el Señor Jesús sabe ir sobre el agua?

Una mujer confía en el Señor Jesús
(Mateo 15:21-28)

El Señor Jesús ama a todos los hombres. No importa en qué país vivan, si son pobres o ricos. Él no hace diferencias. Todos deben tener la oportunidad de confiar plenamente en el Señor Jesús.

Un día el Señor Jesús parte de la tierra de Israel al país vecino. Aquí casi nadie lo conoce. Un día sale de la casa en que vive con sus discípulos y una mujer corre tras él llamando: "- Señor, Hijo de David, ¡ten misericordia de mí! ¡Mi hija es atormentada por un espíritu malo!"

El Señor Jesús no se da vuelta, sino que sigue caminando sin darle respuesta. Los discípulos se enojan porque la mujer sigue llamándolo una y otra vez. Al final los discípulos dicen: "- Señor, así no podemos seguir. ¡Ayúdala y estaremos tranquilos!" El Señor Jesús vacila. Quiere ver cuánto la mujer y los discípulos confían en él. Aparte tienen que aprender que el Señor Jesús no ayuda sólo para tener tranquilidad. Él ayuda porque ama a los hombres.

La mujer se acerca al Señor Jesús, cae de rodillas y ruega: "- Señor, ¡ayúdame!" "- ¡Tu fe es grande!" dice el Señor Jesús a la mujer. "- Ve a casa. ¡Tu hija está curada!" En ese momento la niña se sana.

Así los discípulos y la mujer han vivido esta experiencia: La fe verdadera también resiste las dificultades.

1. ¿Qué quiere la mujer del Señor Jesús?
2. ¿De qué se molestan los discípulos?
3. ¿Cómo ayuda el Señor Jesús a la mujer?

Cuántas veces se tiene que perdonar
(Mateo 18:21-35)

Imagínate que tu hermana o tu hermano te molesten todo el tiempo. Te piden perdón pero no tarda mucho y ustedes se pelean otra vez. Qué piensas, ¿cuántas veces se tiene que perdonar?

El Señor Jesús lo explica así: Un rey tiene muchos hombres que administran su país. Uno de ellos debe al rey mucho, mucho dinero. Nunca lo va a poder pagar de vuelta. Entonces el rey manda que él venda su mujer, sus hijos y todo lo que tiene. Desesperado, el administrador clama: "- Señor, ten paciencia conmigo. Quiero pagarte todo." Entonces el rey tiene piedad y perdona sus deudas. El hombre no necesita pagar de vuelta el dinero.

Cuando este administrador vuelve a casa, encuentra en el camino a uno de sus consiervos. Lleno de ira le grita: "- ¡Tienes deudas conmigo! ¡Devuélveme el dinero enseguida!" Desesperado el otro le dice: "-Ten paciencia conmigo. ¡Quiero pagarte todo!" Pero el administrador no tiene compasión den él. Lo manda a la cárcel.

Cuando el rey lo escucha, hace que venga el administrador malo y le dice: "- Tú eres un hombre muy injusto. Yo te perdoné todas las deudas. Pero tú maltrataste a tu consiervo por deudas que él tenía contigo. Tienes que ser castigado. Lo que tú me debes, me tienes que pagar de vuelta ahora."

¿Cuántas veces debemos perdonar? El Señor Jesús dice que muchas, muchas veces. Es que Dios también nos perdona todo.

1. ¿Por qué el rey está enojado con su administrador?
2. ¿Qué hizo mal el administrador?
3. ¿Cuántas veces debemos perdonar a otros?

Los hijos diferentes
(Mateo 21:28-31a)

Escuchar es algo que casi todos saben hacer, pero obedecer, esto es difícil para la mayoría. Esto también lo vivió el Señor Jesús. La siguiente historia quiere mostrarnos qué es lo más importante cuando uno obedece:

Un padre tiene dos hijos. Está contento por eso. Un día le pide ir a su viña a ambos. Allí hay trabajo para ellos. Uno no tiene ganas. "- ¡No quiero ir!", dice. Pero después de un tiempo siente haber dicho que no. Así que va igual a la viña y trabaja duramente. Su corazón está contento porque hizo lo correcto.

¿Y el otro hijo? Cuando escucha el pedido de su padre, dice enseguida: "- ¡Si, iré! ¡Te voy a ayudar!" ¿Pero qué hace después? No va a la viña.

¿Cuál hijo se comportó correctamente? Ambos hijos escucharon el pedido del padre, pero sólo el primero le obedeció. El segundo hijo dijo "Sí", pero no hizo el trabajo. Por eso cuidado: Decir solamente que sí, no es suficiente. Tenemos que hacer lo que se nos pide y cumplir el mandato.

1. ¿Qué pide el padre a sus hijos?
2. ¿Qué hacen los hijos?
3. ¿Quién hizo lo correcto?

La invitación a las bodas
(Mateo 22:1-14)

Has invitado a todos tus amigos a tu cumpleaños. Pero uno tras otro dice: "¡No vengo al cumpleaños!" ¿Cómo te sentirías? Seguramente, muy triste.

De eso también trata la historia siguiente, la cual el Señor Jesús cuenta a sus discípulos. Les quiere explicar cómo se siente Dios cuando no aceptamos la invitación de venir a él.

Un rey tiene un hijo que quiere casarse. El rey invita a muchos amigos a la boda. Hace que preparen una fiesta hermosísima. Pero poco antes de la boda escucha que ninguno de los invitados puede venir. Tienen que hacer otras cosas. El rey está decepcionado y furioso. Enseguida da órdenes a sus criados: "- ¡Id a la calle y traed a los pobres, a los que están solos y a los enfermos! ¡Traed al que podéis hallar!" Estos hombres y mujeres aceptan la invitación y van con ellos. Qué alegría: Pueden venir tal como son. Hay una hermosa vestidura preparada para ellos. Cuando todos están sentados en la mesa de bodas, entra el rey saludando amablemente a sus invitados. De pronto ve a un hombre que no tiene la vestidura de fiesta. Él cree que su vestido está lo suficientemente bien. El rey hace que lo lleven afuera porque en la boda solo pueden participar los que visten las vestiduras reales.

De igual manera sólo estarán en el cielo los que el Señor Jesús hizo aptos para entrar. Son las personas a las que Jesús ha perdonado sus pecados.

1. ¿Por qué muchos invitados no vienen a la boda?
2. ¿A quién invita el rey en lugar de ellos?
3. ¿Qué es lo que los invitados tienen que llevar puesto?

Las diez doncellas
(Mateo 25:1-13)

Los discípulos escuchan atentamente la historia de una boda que el Señor Jesús les cuenta:

El novio quiere buscar a su novia. Sus amigos lo acompañan. En los pueblos y en sus alrededores se espera ansiosamente su regreso. También hay diez doncellas que esperan al borde de la calle. Es un gran honor para ellas estar en la boda.

Se hace de noche. Qué bueno que todas ellas tienen una lamparita de aceite consigo que les alumbra. Pero, ¿dónde está el novio? Las muchachas están cansadas de esperar y se quedan dormidas. Solo se ven sus lamparitas brillar.

De repente despiertan. Alguien llama: "- ¡Viene el novio! ¡Rápido, tomad vuestras lámparas e id a su encuentro!" ¡Pero cinco doncellas se dan cuenta de que sus lámparas están apagadas! No llevaron aceite de reserva. Que tontas han sido. "- Dadnos por favor algo de su aceite", piden a las otras cinco. Pero ellas dicen: "- No, porque no va a alcanzarnos ni para nosotros ni para ustedes. Compraos aceite para vosotras mismas". Ellas corren al comerciante. Pero las otras cinco toman su lámpara y van a la boda. Después se cierra la puerta. Nadie más puede entrar. Tampoco las otras cinco mujeres. Es demasiado tarde.

"- Sed como las muchachas prudentes, las cuales se preocuparon en tener aceite a tiempo", dice el Señor Jesús.

Así también cada uno de nosotros tiene que ocuparse en tener la fe correcta.

1. ¿Cuántas chicas quieren ir a la boda?
2. ¿Qué han olvidado cinco chicas?
3. ¿Qué tenemos que tener a tiempo?

La mentira de los soldados
(Mateo 27 y 28)

El Señor Jesús murió en la cruz. Algunos amigos lo colocan en una tumba que está en la roca. A la entrada ponen una gran piedra. Los enemigos del Señor Jesús, los fariseos, sospechan. Se acuerdan que el Señor Jesús dijo que resucitaría en tres días. Suponen que los amigos de Jesús podrían robar a su maestro y contar por todos lados que él está vivo otra vez. Por eso piden a Pilato que la tumba sea vigilada por muchos soldados. Pilato hace que los guardias ocupen ese lugar.

El diá de Pascuas, por la mañana, sorpresivamente, se mueve la tierra. Se ilumina todo. Los soldados que cuidan la tumba, caen de susto al piso. Después vienen mujeres y ven que está abierta y entran. "- ¿Dónde está el Señor Jesús?", gritan asustadas. "- ¡No está más aquí!" Pero un ángel les dice: "- ¡El Señor Jesús vive! Ha resucitado. ¡Id y contadlo a los discípulos!" Con esta buena noticia salen rápidamente.

Mientras tanto los soldados se recuperaron de su susto. Algunos corren a la ciudad y cuentan a los fariseos lo que pasó. "- Aquí tienen dinero", dicen los fariseos. "A cambio tienen que contar que los discípulos robaron al Señor Jesús mientras ustedes dormían." Rápidamente los soldados cuentan esta historia mentirosa. Muchos la creen hasta el día de hoy. Pero la verdad es: ¡El Señor Jesús ha resucitado! Él vive aunque nosotros no lo podemos ver.

1. ¿Qué descubren las mujeres cuando van a la tumba?
2. ¿Qué mentira esparcen los soldados?
3. ¿Qué pasó en realidad?

El amigo paralítico
(Marcos 2:1-12)

Los cuatro hombres por fin lo lograron. Su amigo enfermo está con el Señor Jesús. No fue tan fácil llegar a él.

La casa en la que el Señor Jesús cuenta de Dios, está repleta de gente. Todos están apretados sentados o parados. No hay forma de pasar. Los hombres casi vuelven a casa. De pronto uno tiene una idea: "- ¡Venid, ayudadme! Cada uno tomará una punta del manto en el que está nuestro amigo paralítico. Lo llevaremos al techo plano." Los hombres están de acuerdo. Y así suben la escalera que está afuera, pegada a la pared de la casa.

Cuando llegan al techo, uno de ellos empieza a hacer un agujero en el techo. Pronto se ve una gran abertura. Cuidadosamente ellos hacen bajar al enfermo con su manto por el agujero, al centro del salón. Ahora está directamente a los pies del Señor Jesús.

El Señor Jesús ve como este hombre necesita ayuda y mira su tristeza. Le quiere devolver la felicidad. Por eso primero le perdona el mal, aquello que le hace infeliz. Luego pasa algo maravilloso: El Señor Jesús sana al hombre enfermo. Ahora él puede levantarse otra vez y caminar. Muy contento junta su lecho. ¡Una obra maravillosa ha sido hecha en él!

Sí, es verdad: ¡El Señor Jesús es el Hijo de Dios! ¡Él puede todo!

1. ¿Cuántos amigos llevan al paralítico al Señor Jesús?
2. ¿Cómo lo llevaron al salón?
3. ¿Cómo ayuda el Señor Jesús al paralítico?

Leví, el cobrador de impuestos
(Marcos 2:13-17)

Los judíos no quieren a los cobradores de impuestos. Ellos trabajan para los romanos. Muchas veces sacan a los judíos más dinero de lo que deben para la aduana. El resto del dinero lo dejan consigo y esto es robo.

La gente también está furiosa por Leví, el cobrador de impuestos. Él es un ladrón como los demás.

Un día el Señor Jesús pasa por su puesto aduanero. Él ve a Leví sentado allí y sabe lo que le hace triste desde hace mucho tiempo. Este hombre quiere cambiar su vida y parar de engañar. Sólo que no sabe cómo. Su mala conciencia y el pecado lo atormentan.

"- ¡Ven!", dice de pronto el Señor Jesús, "¡sígueme!" Enseguida Leví se levanta y camina con Él. ¿Será que estuvo esperando por ello? No quiere engañar más, sino vivir como le agrada al Señor Jesús.

Leví está muy agradecido al Señor Jesús. Le invita a El y a sus discípulos. También otros publicanos están invitados. Ellos tienen que escuchar cómo el Hijo de Dios también ama a personas pecadoras y escuchar qué hay que hacer para llegar a tener un corazón puro.

1. ¿Por qué los judíos no soportan a los cobradores de impuestos?
2. ¿Quién quiere ayudar a Leví para que cambie su vida?
3. ¿Qué dice el Señor Jesús y cómo reacciona Leví?

La tormenta en medio del mar
(Marcos 4:35-41)

"- ¡Sosteneos! ¡Agarraos fuerte!" Lleno de miedo los discípulos se agarran del borde del barco. Nunca antes han vivido una tormenta así. Es una de esas tormentas peligrosas. El lago de Genesaret que suele ser tan tranquilo ha cambiado. Las olas se les acercan como un monstruo.

Los discípulos están desesperados. ¿Por qué el Señor Jesús duerme todavía? Pronto van a hundirse en las aguas.

Tienen que despertarlo. Con fuerza gritan frente al viento: "- Señor, ¿no te da cuidado que perecemos?" Enseguida el Señor Jesús se levanta y ordena al viento y a las olas: "- ¡Callad! ¡Silencio!"

De repente todo pasó. "- ¿Por qué tienen tanto miedo?", pregunta a sus discípulos. "- ¿Habéis olvidado que no podéis hundiros mientras estoy con vosotros?"

Sí, los discípulos, con el miedo, no se acordaron que el Señor Jesús sabe lidiar con cualquier problema. ¡Qué fuerte y poderoso es El! Hasta el viento y las olas le obedecen.

1. ¿Por qué los discípulos tienen miedo?
2. ¿Qué dice el Señor Jesús a la tormenta?
3. ¿Qué aprenden los discípulos de esta experiencia?

La niña enferma de muerte
(Marcos 5:21-24.35-43)

Jairo, el principal del templo judío, sale de la casa, triste. Su única hija está tan enferma que puede morir. Qué bueno que Jesús está en Capernaúm. ¡Le tiene que ayudar!

Pero muchas personas le rodean. Jairo logra abrirse paso hasta el Señor Jesús. Cae delante de Él y le pide: "- Señor, ven conmigo a mi casa. Mi hija está tan enferma que en cualquier momento puede morir." El Señor Jesús quiere ir con él pero el aprieto y los empujones de la gente sólo le dejan avanzar lentamente.

De pronto Jairo recibe la noticia: "- Tu hija ha muerto. El maestro no necesita venir más." Jairo no sabe qué hacer. Pero el Señor Jesús lo consuela: "No tengas miedo. ¡Cree solamente y tu hija será sanada!" Esto lo quiere creer Jairo.

Cuando el Señor Jesús viene a su casa y escucha el clamor y el llanto, dice: "- ¡Dejad de llorar!" Los despide a todos de la casa. Sólo los padres, Pedro, Jacobo y Juan pueden quedar con Él. Nuestro Señor Jesús toma la mano de la muchacha y dice: "- Niña, ¡levántate!" Ella abre los ojos, ¡está viva otra vez y puede levantarse! ¡Qué alegría!

El Hijo de Dios ha hecho un milagro. ¡Él es más fuerte que la muerte!

1. ¿Por qué Jairo está tan triste?
2. ¿Por qué Jairo acudió a Jesús por ayuda?
3. ¿Por qué el Señor Jesús puede hacer revivir a la niña?

El sordomudo
(Marcos 7:31-37)

"¿Ya lo escuchaste? ¡Jesús está en la ciudad!" Enseguida corren todas las personas al encuentro de Jesús.

Sólo uno no sabe qué pasó. No escucha, no entiende nada. Este hombre es sordo y mudo. Nunca aprendió a hablar verdaderamente.

Algunos amigos lo llevan al Señor Jesús pidiéndole: "- ¡Ah! ¡Por favor sana a este hombre!" El Señor Jesús ve cómo el sordomudo necesita ayuda. Le da pena que esté tan enfermo. Lo lleva aparte para estar a solas con él. ¿Será que el sordomudo sabe que el Salvador del mundo está delante de él? El Señor Jesús toca los oídos y la lengua del hombre, mira al cielo y clama: "- ¡Efata!" Esto quiere decir: "- ¡Sé abierto!"

En el mismo momento el hombre dice contento: "- ¡Puedo escuchar! ¡Puedo hablar!" " -¿Cómo es posible? "se preguntan las personas que habían venido corriendo. "- Habla frases correctas." Entonces gritan llenos de alegría: "- ¡Esto lo hizo el Señor Jesús! Él es el Salvador. ¡Él hace que los sordos puedan escuchar y los mudos puedan hablar!"

Seguro que este hombre nunca se olvidó del Señor Jesús y que muchas veces en sus oraciones le dio las gracias por eso.

1. ¿Qué significa ser sordomudo?
2. ¿Cómo sana el Señor Jesús al sordomudo?
3. ¿Qué dicen las personas en cuanto a la sanidad del sordomudo?

El Señor Jesús y los niños
(Marcos 10:13-16)

Un día de trabajo se va terminando. El Señor Jesús ha ayudado a muchas personas. Ahora también vienen a Él los fariseos, con quienes habla muchas cosas importantes de la vida.

¡Pero mira! De pronto unos niños quieren ir a él. Los pequeños están de la mano o en brazos de sus madres. Ellas piensan que el Señor Jesús también tiene que amar a sus hijos y orar con ellos. Desean que Él también tenga tiempo para los pequeños. Pero los discípulos que están con el Señor Jesús tienen algo en contra. Dicen que el Señor Jesús tiene cosas más importantes para hacer.

Aparte parece que ellos piensan que los niños son demasiado pequeños como para entender lo que dice el Señor Jesús. Los discípulos los quieren mandar a casa. Cuando el Señor Jesús se da cuenta de esto, se enoja. No quiere que los niños sean despedidos. Todos tienen que venir a Él, Él tiene tiempo para cada niño y los ama a todos, sean grandes o pequeños. De manera que dice con voz firme a sus discípulos: "- ¡Dejad a los niños venir a mí y no se lo impidáis!"

Los discípulos se asustan. Ellos saben que no se han comportado correctamente. También ven cuán grande amor el Señor Jesús tiene por los niños. Les escucha, los mira, los comprende. Los toma en sus brazos, los aprieta junto a sí y los bendice. ¡Esto es hermoso! ¡Así también te ama el Señor Jesús!

1. ¿Qué quieren las madres con sus hijos, del Señor Jesús?
2. ¿Cómo reaccionan los discípulos?
3. ¿Qué hace y dice el Señor Jesús?

El mendigo ciego
(Marcos 10:46-52)

"- ¡Jesús, hijo de David, ten misericordia de mí!" Fuertemente grita el ciego Bartimeo, de manera que todos los que pasan por ahí lo escuchan. Algunos se enojan con él, diciendo que se calle.

Bartimeo escuchó que Jesús pasaría por allí. Como ciego, Bartimeo siempre está dependiente de la ayuda y la compasión de otros. Todos los días está sentado en el camino a Jericó donde tiene que mendigar por dinero para comprarse algo de comer. Nunca ve el sol, las nubes, las estrellas. Ni siquiera puede alegrarse por las flores, ni trabajar como otras personas. Siempre está oscuro alrededor suyo, como en medio de la noche.

"- ¡Jesús, hijo de David, ayúdame!", grita. Él sabe que el Señor Jesús es el único que le puede ayudar. ¡Dicho y hecho! El Señor Jesús se detiene y hace que le traigan a Bartimeo. Él ha escuchado su clamor. "- ¡Querido Señor! ¡Ayúdame por favor para que yo pueda ver!", le pide Bartimeo.

El Señor Jesús quiere a Bartimeo porque éste cree firmemente en su ayuda. Por eso lo sana. De repente Bartimeo puede ver. Ve al Señor Jesús, el sol, las flores, a las personas. Gran alegría y agradecimiento lo inundan. ¡Él experimentó el ser escuchado por el Señor Jesús!

1. ¿Cómo se llama el ciego de Jericó?
2. ¿Cómo logra Bartimeo llamar la atención cuando el Señor Jesús pasa por allí?
3. ¿A qué pedido de Bartimeo acude el Señor Jesús?

La viuda pobre
(Marcos 12:41-44)

Dios ordenó que una parte de las cosas y del dinero propio sean dados al templo. Un día el Señor Jesús observa cómo la gente pone sus ofrendas en el arca. Él ve cómo algunos ricos ponen bastante dinero. Lo hacen de manera aparente. Quieren que todos lo vean.

En ese momento pasa una viuda pobre por el lugar. Ella casi no tiene dinero. Su marido murió, él no puede sustentarla más. Ella pone sus últimas dos monedas en el arca. Comparado con las muchas piezas de oro de los ricos esto no es nada.

Ahora, ¿qué es lo que más le gustó al Señor Jesús? Justamente las dos últimas monedas ahorradas de la pobre mujer. Ella las entregó para la causa de Dios con todo su corazón si bien pudo haberlas usado muy bien para sus propias necesidades.

El Señor Jesús dice a los discípulos: "- Esta pobre viuda dio más que todos los demás. Ella puso todo lo que tenía. Los ricos sólo dieron algo de sus riquezas."

Así que no es tan importante la cantidad de dinero, sino, si lo hacemos con amor. ¿No es lo más lindo, por ejemplo, por amor a Jesús dejar de comer golosinas por lo menos una vez y darlo cuando levantan ofrendas por las misiones?

1. ¿Cuánto dinero pone la viuda en el arca?
2. ¿Por qué la viuda sólo puede dar poco dinero?
3. ¿Por qué el Señor Jesús se alegra por la ofrenda de dinero de la viuda?

El Señor Jesús en Getsemaní
(Marcos 14:32-65)

El Señor Jesús siempre había dicho que un día Él moriría por el mal que cada uno hiciere en esta tierra. Él sabe que su tiempo ha llegado; para eso ha venido al mundo. Ahora, él necesita consuelo en la oración. Va al huerto de Getsemaní. Allí hay silencio. Lleva consigo a tres de sus discípulos : Pedro, Jacobo y Juan. Tienen que estar cerca de Él, para velar y orar con Él.

Por mucho tiempo él habla con su padre: "- Padre mío, Padre mío, si es necesario que yo muera, estoy dispuesto. ¡Que se haga tu voluntad!"

Mientras tanto, sus discípulos se quedaron profundamente dormidos, sin orar.

De repente hay ruido en el jardín. Se oyen voces y hay antorchas encendidas. Judas, uno de sus discípulos, está delante del grupo de hombres. Él les muestra dónde está y quién es Jesús.

Muchos judíos, fariseos y escribas no soportan al Señor Jesús. Es porque Él les dice que son culpables delante de Dios. Así que ellos logran llevar preso al Señor Jesús como un criminal. Lo acusan de haber dicho de sí que es el Hijo de Dios. Finalmente muere en la cruz del Gólgota por el mal. Pero qué bueno es saber que el Señor Jesús no quedó en el reino de la muerte, sino que Dios lo resucitó. ¡Él vive!

1. ¿Adónde va el Señor Jesús para orar?
2. ¿Por qué el Señor Jesús está dispuesto a morir?
3. ¿Qué sabes de la muerte de Jesús?

El Señor Jesús vive
(Marcos 15:42 - 16:8)

Unos amigos del Señor Jesús pusieron su cuerpo muerto en una tumba. Es un agujero profundo en una roca. Delante de la abertura rodaron una gran piedra.

Todavía es temprano en la mañana. Algunas mujeres están yendo a la tumba de Jesús. Quieren embalsamar su cuerpo porque esto es costumbre en Israel. Preocupadas, ellas se preguntan: "- ¿Quién nos rodará la enorme piedra que está delante de la tumba?" Al acercarse, descubren: La piedra ha sido removida. Qué raro. Por supuesto no saben que un ángel de Dios lo hizo.

Cuidadosamente las mujeres entran a la cueva. Pero – ¿qué sucede? ¡La tumba está vacía!

De repente un ángel está sentado a la entrada, hablándoles: "- ¡No tengáis miedo! El Jesús crucificado no está aquí. Él resucitó como dijo. Venid y ved, ¡aquí estuvo acostado!" Las mujeres están tan asustadas que no pueden decir nada. Sí, ¡la tumba realmente está vacía! ¡El Señor Jesús no está más ahí!

"- Id rápidamente a los discípulos", sigue diciendo el ángel, "- y decidles que Dios resucitó al Señor Jesús!"

Tan pronto como pueden las mujeres corren de vuelta a Jerusalén "- ¡Él vive! ¡Jesús vive! ¡La tumba está vacía! ¡Un ángel nos dio el aviso; él ha resucitado!" Los discípulos quedan asombrados.

1. ¿Quién va por la mañana de Pascuas a la tumba de Jesús?
2. ¿Qué descubren las mujeres en la tumba de Jesús?
3. ¿Adónde corren las mujeres, después que el ángel habló con ellas?

El nacimiento de Juan
(Lucas 1:5-25.57-80)

Zacarías y su esposa Elisabet ya están viejos. Siempre han obedecido a los mandamientos de Dios. Ambos no tienen hijos y están tristes por eso.

Zacarías es sacerdote. Dos veces al año suele ir por ocho días a Jerusalén para servir a Dios en el templo.

Así está en el templo, cuando de repente un ángel de Dios aparece al lado del altar. Zacarías está muy asustado. Entonces el ángel empieza a hablar: "- Zacarías, no tengas miedo. Tu oración fue atendida, tu mujer tendrá un hijo. Se llamará Juan. Cuando sea grande le dirá a los hombres acerca de la venida del Señor Jesús." Zacarías no lo puede creer. El ángel dice: "- Como no lo crees, quedarás mudo hasta que el niño reciba su nombre."

Un tiempo después, eso se hace realidad y su mujer concibe un hijo. El niño nace y los padres están contentísimos. Pero Zacarías todavía está mudo. Cuando escribe en una tablilla que el niño se tiene que llamar Juan, los vecinos y parientes se asombran porque un recién nacido normalmente recibe el nombre de algún pariente.

De pronto Zacarías abre su boca. Puede hablar otra vez, así como dijo el ángel. Él alaba y agradece a Dios.

El niño va creciendo y es fiel a Dios. Cuando Juan es grande, cuenta a las personas del Hijo de Dios, que vendrá pronto para salvar a su pueblo del pecado.

1. ¿Cómo se debe llamar el hijo de Zacarías y Elisabet?
2. ¿Por qué Zacarías queda mudo?
3. ¿De qué habla Juan cuando es adulto?

María se entera de una buena noticia
(Lucas 1:26-38)

María está sola en casa. De pronto el ángel Gabriel está delante de ella diciendo: "- No tengas miedo, María. El Señor está contigo. Tendrás un hijo a quién llamarás Jesús. ¡Él será el Hijo de Dios y salvará a los hombres de sus pecados!"

Sorprendida, María pregunta al ángel: "- ¿Cómo será esto? Pues no estoy casada." – "- Dios mismo se encargará de eso y hará esta maravilla en ti.", responde el ángel.

Cuando María escucha que Dios también prometió a Elisabet, su parienta, un hijo aún en su vejez, empieza a entender: Ahora es el tiempo. Dios quiere enviar su Hijo al mundo pecador.

Llena de temor a Dios, María responde: "- Sí, ¡sólo quiero hacer lo que Dios quiere! Que se haga como tú lo dijiste." De repente el ángel desaparece. María está muy contenta. ¡Va a ser la madre de Jesús! Y el Señor Jesús será el Salvador de todo mal. Es un mensaje maravilloso y alegre no sólo para María, sino para todos los hombres.

1. ¿Qué le dice el ángel a María?
2. ¿Qué responde María al ángel ante la hermosa noticia?
3. ¿Por qué Dios envía su hijo a este mundo?

El nacimiento del Señor Jesús
(Lucas 2:1-20)

El emperador Augusto es un gobernante poderoso. Muchos pueblos le tienen que obedecer. Ahora él quiere saber, cuántas personas están bajo su mando. Para ello, ordena que todos se registren en su lugar de nacimiento.

María y José de Nazaret caminan por montañas y desiertos a Belén, para poner sus nombres en una lista. María espera un bebé. Un ángel de Dios le dijo hace unos meses, que este niño sería el Salvador de los hombres.

Ellos buscan un lugar para dormir, pero no lo encuentran. Por fin se les dice que pueden quedar en un establo. Allí nace el bebé de María, y lo llaman Jesús.

En un campo cercano unos pastores cuidan de sus ovejas. De repente se hace luz y ellos se asustan. Un ángel viene y les dice que no tengan miedo. No lejos de donde ellos están nació el Hijo de Dios.

Ellos buscan y hallan al niño en un pesebre, envuelto en pañales. Los pastores se alegran y cuentan por todas partes lo que han visto y oído. Alaban a Dios y vuelven al rebaño.

Por fin pasó lo que Dios había prometido a su pueblo hace mucho tiempo: ¡El nacimiento del Salvador!

Nosotros también nos podemos alegrar que el Señor Jesús vino a la tierra.

1. ¿Por qué María y José tienen que ir a Belén?
2. ¿Quién nace en Belén?
3. ¿Quién es el Señor Jesús?

En búsqueda del hijo
(Lucas 2:41-52)

En la calle hacia Jerusalén hay mucho movimiento. Hombres, mujeres y niños suben en grandes grupos a la ciudad; hombres, mujeres y niños. Entre ellos también están María, José y el hijo de doce años. Ahora él tiene la edad para ir con su padre a los cultos en el templo y está ansioso por ello.

La fiesta de Pascua pasa demasiado rápido y los que vuelven a su casa están felices porque les agradaron los cultos. ¡Sí, el Dios vivo es grande y poderoso!

María y José también están en el camino a casa. Sólo Jesús no está con ellos. "- Seguro que está con sus amigos." dice José calmando a su esposa. Pero se está haciendo de noche y Jesús todavía no aparece. Ahora los padres se preocupan. Nadie sabe dónde está, nadie lo vio. "- Tenemos que volver a Jerusalén. Quizás se ha quedado allí." dicen María y José.

Ellos oran, buscan, preguntan por todas partes. Pasan tres días y no aparece Jesús. Finalmente lo encuentran en el templo. Cuando Jesús se entera de cómo los padres lo habían buscado desesperadamente, dice: "- No saben que tengo que ocuparme de las cosas de mi Padre, que está en los cielos?" Es que su Padre real es el gran Dios, y de El habló Jesús con los escribas.

Jesús es un niño obediente. Enseguida acompaña a María y José de regreso a su casa de Nazaret y les sigue dando alegría con su obediencia.

1. ¿Cuántos años tiene Jesús?
2. ¿Dónde encontraron los padres a Jesús?
3. ¿A quién se refiere Jesús cuando habla de su padre?

La gran pesca
(Lucas 5:1-11)

El Señor Jesús suele ir muchas veces al lago. Allí siempre hay muchas personas. Hoy nuevamente hay una gran multitud alrededor de Jesús. Todos lo quieren ver, escuchar y entender.

De repente el Señor Jesús entra en el barco de Pedro. ¿Qué tiene en mente? Le dice: "- ¡Rema un poco lago adentro!" Pedro obedece. Él sabe lo que planea el Señor Jesús y pone el barco en un lugar apropiado. De aquí todos pueden escuchar y ver al Señor Jesús.

Ahora las personas escuchan atentamente lo que el Señor Jesús dice del fuerte y gran Dios y cómo el mal puede salir del corazón.

Cuando el Señor Jesús termina, pide a Pedro que se dirija hacia más adentro del lago y que después eche la red. Pero Pedro, el pescador con experiencia, dice: "- Señor, hemos trabajado toda la noche y no hemos pescado nada! Pero, como tú eres el que lo dice, echaré otra vez la red." Pero está, ni bien cae al agua, se hunde. Pedro intenta subirla. No lo logra. "- ¡Toda la red está llena de peces!" grita. "- ¡Venid, ayudadme pronto!"

Pedro está muy asombrado. ¡Qué grande y poderoso es el Señor Jesús, el Hijo de Dios!

Pedro cae de rodillas ante él. Le dice: "- ¡Señor, no puedo estar contigo porque soy hombre pecador!" Entonces el Señor Jesús lo alienta. Quiere que Pedro esté todo el tiempo con él ganando personas para Dios.

1. ¿Por qué el Señor Jesús entra en el barco de Pedro?
2. ¿Por qué Pedro sale a pescar a pesar de no haber pescado nada toda la noche?
3. ¿Por qué Pedro cae de rodillas ante el Señor Jesús?

El siervo a punto de morir
(Lucas 7:1-10)

"- Mi siervo está sano otra vez! ¡Mi siervo está sano otra vez!" ¡No puedo creerlo!" El centurión romano está loco de alegría y todos tienen que saberlo.

Su siervo estaba muy enfermo. El centurión romano tenía miedo de que él muriera. Rápidamente fue a sus amigos judíos y les dijo: "- ¡Preguntad a Jesús, si puede ayudar a mi siervo!" Los amigos lo hicieron.

¿Será que Jesús estaba dispuesto a ir? Sí, enseguida fue.

Pero el centurión no fue a su encuentro. Sólo mandó a decirle: "- Por favor, no entres en mi casa, porque no lo merezco. Sólo di una palabra, y mi siervo volverá a estar sano."

El señor Jesús estaba asombrado de estas palabras y de la fe firme del centurión. Entonces dijo: "- En todo Israel no he hallado tanta fe!"

Cuando los amigos del centurión entraron a la casa, el siervo estaba sano. El Señor Jesús había hecho un milagro en él, sin decir una palabra.

Tú también puedes decir al Señor Jesús cuánto le amas y confías en él. Si lo haces, él se sentirá muy feliz.

1. ¿Quién está muy triste porque su siervo enfermo está a punto de morir?
2. ¿Por qué el Señor Jesús no necesita entrar en la casa del centurión?
3. ¿Cuántas palabras tiene que decir Jesús para que el siervo del centurión vuelva a ser sano?

Un muchacho muerto vuelve a vivir
(Lucas 7:11-17)

Una procesión llora por un muerto camino al cementerio. La muerte siempre es terrible pero esta vez muchas personas en una ciudad están tristes: El único hijo de una madre que tampoco tiene marido, murió. Ahora ella está completamente sola. Por eso la acompañan muchos vecinos y amigos al cementerio y lloran con ella.

Pero justo cuando todo parece sin esperanza, se acerca de repente un hombre a la viuda diciendo: "- ¡No llores!" La gente, asombrada, observa como Él se acerca al féretro y dice al muchacho: "- ¡Joven, levántate!" Y el muchacho realmente se levanta y empieza a hablar. La madre lo abraza llena de felicidad.

¿Quién hizo este milagro? Es el Señor Jesús. Él sabe hacer cosas que sólo Dios puede hacer. La gente piensa que Él es un gran profeta, pero Él es Hijo de Dios. Jesús quiere mostrar a todos: Yo soy más poderoso que la muerte. ¡Yo soy la vida! Venid a mí y yo os daré la vida eterna. Esto necesitan para poder llegar al cielo.

El Señor Jesús ayudó a la triste mamá. Las personas están contentas y agradecen a Dios.

1. ¿Por qué la mujer está tan triste?
2. ¿Qué le dice el Señor Jesús a la triste mujer?
3. ¿Qué le dice el Señor Jesús al muchacho muerto?

Un ayudante bondadoso
(Lucas 10:25-37)

"- ¡Auxilio!¡Auxilio!" El hombre que está allí en el piso se defiende, desesperado. Unos ladrones lo asaltan. Le pegan, le roban todo y desaparecen con el dinero. Lo dejan tirado en el camino solitario, medio muerto.

"- ¡Si nadie me ayuda, voy a morir!", piensa asustado. ¿Pero qué es eso? ¡Él escucha pasos! Viene un hombre. Es un sacerdote, pero éste sigue rápidamente su camino, dejando al hombre herido. No le quiere ayudar.

Nuevamente viene alguien por el camino solitario: un levita que trabaja en el templo de Jerusalén. "- ¡De seguro él me va a ayudar!", espera el herido. Pero el levita ni piensa en ello. También se va éste.

"- Ahora seguro voy a morir", se dice el herido. Pero allí viene alguien. Un samaritano. "- Pero esas personas son enemigos nuestros. Seguro que él no me va a ayudar." El hombre no ve más esperanza. Pero justo este samaritano lo alza, venda sus heridas y lo lleva a un albergue. Allí el hombre es bien atendido hasta que está sano.

Qué bueno que hayan personas que ayudan a otros. Que nosotros también los hagamos. Quizás hay un niño a quien nadie quiere en realidad. Esta es una oportunidad para ayudar. Eso hace feliz.

1. ¿Quién deja tirado al herido sin ayudarle?
2. ¿Quién ayuda al hombre herido?
3. ¿Cómo le ayuda el samaritano al hombre herido?

Las hermanas diferentes
(Lucas 10:38-42)

"- ¡María, imagínate, el Señor Jesús viene a nosotros!" Marta está muy ansiosa. Llena de gozo, empieza a preparar la comida para poder recibir bien al Señor Jesús y a sus discípulos. Ella corre de un lado al otro y se cansa bastante. Mientras tanto llega el Señor Jesús. Pero Marta no tiene tiempo para sentarse con su visita.

Más tarde, cuando entra a la sala, se enoja mucho. "- Qué injusticia. Allí está sentada mi hermana escuchando al Señor Jesús con toda tranquilidad. ¿Por qué el Señor Jesús no dice nada? ¿Por qué tengo que hacer todo el trabajo yo sola?"

Furiosa y en tono acusador enfrenta al Señor Jesús: "- Señor, ¿no te importa que mi hermana no me ayude? Ella me está dejando todo el trabajo. ¡Dile, que también haga algo!"

Entonces el Señor Jesús le dice algo totalmente inesperado: "- Marta, Marta, te ocupas mucho en cosas que, en realida,d no son tan importantes. Mira como ejemplo a María, ella hizo lo correcto, pues no ha dejado de prestar atención y escuchar todo cuanto he hablado acerca de Dios."

Tú también haces lo correcto si escuchas a tu madre cuando ella te lee de la Biblia Infantil o te cuenta historias bíblicas.

1. ¿Cómo se llaman las dos hermanas?
2. ¿Por qué Marta está tan enojada?
3. ¿Por qué María hizo lo correcto?

Uno que huyó de la casa
(Lucas 15:11-32)

El padre miraba con tristeza cómo el hijo se iba. Su hijo ya no quería estar más tiempo en la casa. Salió porque pensaba que en otro lugar le iba a ir mejor. Quería hacer lo que él anhelaba.

Llevó todo su dinero y compró lo que quiso. Pronto tuvo amigos, a los cuales invitó a grandes fiestas.

Un día el dinero se le terminó y el joven no tuvo nada más para comer. Ahora sus amigos no quieren saber más de él. Nadie le ayuda.

El hambre llega al país. El joven tiene que ir a mendigar. Por fin encuentra trabajo en un granjero. Tiene que cuidar a los cerdos. Esto es un trabajo sucio. El joven no está nada bien. Sus ropas están rotas, tiene mucha hambre, está solo y muy lejos de su casa. Entonces se da cuenta de que fue tonto al haberse ido del lado de su padre. Por eso quiere volver y disculparse con su padre. Eso es lo mejor que puede hacer.

Su padre ya espera por él y está contento que él vuelva. Cuando el hijo le pide perdón, el padre le perdona prontamente porque lo quiere mucho.

Dios nos ama de la misma manera. Y cuando hemos hecho algo mal, podemos pedirle perdón a Dios.

1. ¿Qué hizo el hijo con su dinero?
2. ¿Qué hizo el hijo cuando no tuvo más dinero?
3. ¿Qué dice el hijo a su padre?

Diez enfermos que no se podían sanar
(Lucas 17:11-19)

Afuera, bien alejado de la aldea, viven diez hombres. Ellos están muy enfermos. Por todo el cuerpo ellos tienen unas manchas secas y blancas, en algunos lugares hasta son úlceras. Ellos son leprosos. Esa es una enfermedad terrible. Los hombres saben que nunca más serán sanos.

Para no contagiar a otras personas, deben mantenerse lejos de todos, también de sus familias. Eso los hace sentir muy, muy tristes.

Un día el Señor Jesús viene a su aldea. Ellos han escuchado que él puede sanar a los enfermos. De lejos los hombres lo pueden reconocer. Con todas sus fuerzas ellos llaman: "- ¡Jesús, ten misericordia de nosotros, ayúdanos!"

Los hombres se acercan poco a poco. Cualquiera se hubiera ido lejos para no contagiarse. Pero el Señor Jesús no tiene miedo. Él les dice: "- ¡Id a los sacerdotes y mostraos a ellos!" Los hombres creen que el Señor Jesús los puede sanar y le obedecen.

En el camino, de pronto, se dan cuenta: ¡Las heridas en los brazos y en las piernas están curadas! ¡Ellos están sanos! Tienen gran gozo. De repente uno de los diez hombres se da la vuelta al Señor Jesús quien le da las gracias. Él aprendió que Jesús, el Hijo de Dios, no sólo puede sanar enfermedades, sino también limpiar el corazón de pecado.

¡Que nosotros no nos olvidemos nunca de agradecer! Pensemos en todas las cosas por las cuales podemos agradecer.

1. ¿Qué enfermedad tienen los diez hombres?
2. ¿Qué les ordena el Señor Jesús?
3. ¿Cuántos agradecen al Señor Jesús por su sanidad?

Dos oraciones, pero solo una es escuchada
(Lucas 18:9-14)

Los fariseos se creen muy buenos. Todas las personas tienen que notar que ellos cumplen todas las leyes. Cuando van al templo, todos deben verlo. Cuando oran, todos deben escucharlos.

Especialmente los publicanos son despreciados por los fariseos. Porque ellos trabajan para los romanos y son engañadores. Según ellos, estos hombres de seguro no van al cielo.

Pero el Señor Jesús piensa diferente. Todos los que lo sienten de corazón, pueden ir a Dios. Eso él lo dice una y otra vez a las personas. Para que ellas puedan entenderlo mejor, él lo explica de la siguiente manera:

Un fariseo y un publicano van al templo para orar. El fariseo ora en voz alta: "- Oh Dios, ite agradezco que no soy tan codicioso, insincero y mala gente como este publicano!" El cobrador de impuestos siente vergüenza. Se golpea el pecho diciendo: "- Dios, ten misericordia de mí. iSoy un hombre pecador!"

"- Véis", dice el Señor Jesús", el publicano es acepto por Dios. Él sabe que es un hombre pecador. Pero el fariseo no es acepto por Dios. Él piensa que es muy bueno. Dios no puede ayudar a personas así."

Y esto es así hasta el día de hoy. Dios sólo puede recibir a aquellos que le confiesan sus pecados y le piden que les pueda ayudar.

1. ¿Qué ora el fariseo?
2. ¿Cuál de los dos hombres sabe que tiene un corazón pecador?
3. ¿Qué oración escucha Dios y por qué?

El hombre pequeño en el árbol
(Lucas 19:1-10)

La noticia que Jesús está en la ciudad de Jericó corrió rápidamente. Muchas personas vinieron para verlo.

Zaqueo, de profesión publicano, también quiere ver a este hombre con urgencia. Como Zaqueo es un hombre pequeño, sube de prisa a un árbol. Por aquí va a pasar Jesús y él lo puede ver bien.

¿Qué pasa ahora? El Señor Jesús se detiene debajo del árbol y mira hacia y lo llama: "- ¡Zaqueo, baja ya de este árbol porque hoy quiero visitarte!" Sin vacilar, baja del árbol y recibe a Jesús con gozo en su casa.

Las personas se enojan quejándose: "- ¿Cómo puede Jesús ir a visitar un hombre así?" Zaqueo lamenta haber engañado y mentido a tantas personas. Le dice al Señor Jesús todo lo que hizo y le promete: "- Señor, la mitad de mi dinero quiero dar a los pobres. Y a todos los que les cobré demasiado dinero se lo devolveré cuatro veces."

Al escuchar eso el Señor Jesús, se regocija y dice a Zaqueo: "- Hoy ha entrado el gozo en esta casa porque has aceptado la salvación."

Zaqueo está feliz. El Señor Jesús le ha perdonado. Tú también puedes ser feliz. Dile al Señor Jesús lo que has hecho y pídele perdón. Esto también da gozo a tu corazón.

1. ¿Por qué Zaqueo se subió a un árbol?
2. ¿Qué dijo el Señor Jesús a Zaqueo?
3. ¿Qué siente Zaqueo y qué le dice al Señor Jesús?

El Señor Jesús es acusado
(Lucas 23:1-12.26.32)

Los judíos han arrestado al Señor Jesús. No lo soportan y por eso quieren matarlo. Pero sólo los romanos pueden condenar Jesús a muerte. Así que lo llevan a Pilato, el gobernador romano. "- ¡Jesús es un delincuente", dicen. "- ¿ Qué es lo que ha hecho?", quiere saber Pilato. "- Se hace a sí mismo hijo de Dios diciendo que es un rey."

Entonces Pilato le pregunta: "- ¿Eres tú el rey de los judíos?" – "- ¡Tú lo dices!" Pilato siente que este hombre es inocente. "- ¡No!", dice, "- este hombre no ha hecho nada malo."

Pero los judíos quieren de todas formas que Jesús sea condenado a muerte. Enojados gritan: "- ¡Él no es nuestro rey! ¡Que muera!" Pilato siente miedo de repente, temiendo hacer lo que él piensa que sería correcto. Y como la gente no para de gritar, da la orden: "- ¡Crucifíquenlo!"

¿Qué dice el Señor Jesús a esta injusticia? ¡Nada! Él está totalmente quieto. Él quiere morir por los pecados de todo el mundo, al cual ama.

Y así es llevado con dos criminales al monte de Gólgota.

1. ¿Por qué los judíos quieren que el Señor Jesús sea condenado a muerte?
2. ¿Por qué Pilato vacila en condenar Jesús a la muerte?
3. ¿Por qué el Señor Jesús soporta esta condena injusta?

El Señor Jesús vence a la muerte
(Lucas 23:33-49 y 24:5.6)

El Señor Jesús es llevado por la ciudad al monte de Gólgota. Es un camino largo. En el monte hay tres cruces. En una los soldados clavan al Señor Jesús. A las otras van dos criminales.

¿Pero cuál es el crimen del Señor Jesús? Si él sólo hizo cosas buenas a los hombres. ¿Por qué tiene que morir? – El Señor Jesús no muere por su culpa, ¡sino por la culpa de todos los hombres!

Las personas que están alrededor se burlan, se ríen de él y dicen cosas contra él. Ellas dicen: "- Si eres el hijo de Dios, entonces sálvate a ti mismo!" Pero el Señor Jesús responde: "- Padre, perdónalos, porque no saben lo que hacen."

Es de día. De repente se hace muy oscuro. Ahora el Señor Jesús está llevando el castigo pro todo el pecado que tú y yo hicimos. Despúes muere.

Los discípulos sacan el cuerpo muerto del Señor Jesús de la cruz y lo colocan en una tumba. ¿Es que ahora todo terminó? Después de tres días las mujeres van a la tumba. ¿Pero qué es eso? ¡La tumba está vacía!

De repente ven a dos ángeles. Ellos tienen una alegre noticia para ellas. "- ¡El Señor Jesús ha resucitado! ¡Él vive!"

Eso también lo queremos creer nosotros. ¡El señor Jesús vive! ¡Venció a la muerte! Ahora puede dar a cada uno la vida eterna.

1. ¿Sobre qué monte debe morir el Señor Jesús?
2. ¿Por qué la muerte del Señor Jesús es tan importante para nosotros, los hombres?
3. ¿Qué dicen los dos ángeles a las mujeres?

A Emmaús ida y vuelta
(Lucas 24:13-35)

Por el camino de Jerusalén a Emmaús van dos hombres. Son discípulos del Señor Jesús. Sus rostros parecen tristes. Ellos hablan de su Maestro que fue crucificado y sepultado. En Jerusalén escucharon: ¡Su tumba está vacía! El Señor Jesús está vivo otra vez. ¿Deben creer esta noticia?

De repente un extraño camina a su lado. Está interesado y pregunta a ambos de qué están hablando con tanta euforia. "- ¿Pero es que no sabes lo que ha pasado en Jerusalén? Han crucificado a Jesús. Se dice que resucitó después de la muerte."

El extraño que les escucha atentamente es el Señor Jesús. Los discípulos no lo reconocen. Quieren saber cuál es su opinión acerca de eso. Así que él les explica detalladamente que todo tenía que pasar así porque era el plan de Dios.

Mientras tanto llegan a Emmaús a la casa de uno de los discípulos. Amablemente invitan al extraño a cenar con ellos. Antes de la cena, él ora. Después parte un poco de pan y da a cada uno un pedazo. De repente reconocen: ¡Es el Señor Jesús, su Señor! Sí es cierto. ¡Él vive!

Llenos de gozo corren de vuelta a Jerusalén. ¡Jesús vive! Esta noticia lo tienen que saber sus amigos.

1. ¿Por qué los dos hombres están tan tristes?
2. ¿Quién es el extraño, y qué les explica?
3. ¿Cuándo reconocen los dos hombres al Señor Jesús?

El Señor Jesús en una boda
(Juan 2:1-12)

En el pueblo de Caná se está celebrando un casamiento. Vinieron muchos, muchos invitados. El Señor Jesús, sus discípulos y María, la madre del Señor Jesús, también han sido invitados. Todos participan de la alegría de la joven pareja. Ríen, comen, beben y conversan.

De repente María está preocupada y dice a Jesús en voz baja: "- ¡No hay más vino! ¡Los huéspedes no tienen nada más para tomar!" María sabe que esto es una vergüenza para el anfitrión. Ella está segura de que sólo Jesús puede ayudar en este momento. Él, el Hijo de Dios, ya sabe hace rato que el vino se terminó. Pero su tiempo de actuar todavía no llegó.

Un poco más tarde Él da órdenes a los hombres que sirven a los invitados: "- ¡Llenad las tinajas con agua fresca!" Ellos obedecen y las llenan de agua hasta el borde. "- ¡Sacad de ellas y llevadlo al maestresala!" Nuevamente obedecen los hombres. El maestresala prueba un poco y dice: "- Pero es vino de primera calidad, y la fiesta está por terminar. ¿Por qué será que el novio retuvo este buen vino tanto tiempo?" Por supuesto él no sabía que el Señor Jesús transformó el agua de las tinajas en vino.

Este es el primer milagro que el Señor Jesús hace desde que está en la Tierra. De esta forma Él quiere mostrar a sus discípulos y a todos los hombres que Él es el Hijo de Dios que puede hacer todo y sabe todo.

1. ¿Quiénes son todos los que están invitados al casamiento?
2. ¿Cómo le ayuda el Señor Jesús al novio cuando se termina el vino?
3. ¿Por qué el Señor Jesús puede hacer este milagro?

Jesús en la casa de Dios
(Juan 2:13-25)

Todos los judíos están orgullosos del lindo y hermoso templo en Jerusalén. Vienen de lejos para llevar sacrificios y orar en la casa de Dios.

En la plaza del templo hay mucho movimiento de gente. Hay negociantes que gritan. Ellos ofrecen animales para el sacrificio: bueyes, ovejas y palomas. Los que cambian dinero también están rodeados. Es que cada judío debe entregar una vez al año el dinero para el templo en la moneda de Jerusalén. Por todas partes están haciendo negocio, peleando, vendiendo y comprando.

En pocos días es la fiesta de la Pascua. El Señor Jesús sube las escaleras del templo. Ya de lejos escucha este ruido y ve el desorden. Él está indignado. ¿Qué hicieron los hombres con la casa de Dios? ¿Es que no tienen temor de Dios? El Señor Jesús levanta unas cuerdas del piso. Rápidamente hace un azote de ellas y va hacia los negociantes y los animales: "- ¡Fuera con ustedes! ¿Qué hacen aquí? ¡Ustedes hicieron un mercado de la casa de Dios! ¡Desaparezcan inmediatamente!" Nadie se anima a enfrentar al Hijo de Dios. Los animales corren y huyen volando, los vendedores y cambiadores de dinero abandonan asus-tados sus mesas.

Enojados, los escribas caminan en dirección del Señor Jesús. Para ellos él es uno que llama a la rebelión y nada más. Pero el Señor Jesús es el Hijo de Dios. Él quiere mostrar a los hombres que la casa de Dios no es un mercado. Tiene que seguir siendo un lugar de adoración.

1. ¿Qué es lo que se vende en la plaza del templo?
2. ¿Por qué el Señor Jesús está tan perplejo?
3. ¿Para qué existe el templo?

El Señor Jesús habla con una mujer samaritana
(Juan 4:1-30.39-42)

"- Venid, tomemos el camino por Samaria", dice el Señor Jesús a sus discípulos. ¿Justo por ese país? ¡Los judíos odian a los samaritanos! Pero eso no parece importarle al Señor Jesús. Él ama a todos los hombres. Odiar a alguien es pecado. Jesús no tiene pecado.

Es mediodía. El sol brilla y da mucho calor. El Señor Jesús tiene sed y hambre. Hace parada en Sicar. Cansado, se sienta allí en el pozo. No tarda mucho y viene una mujer a sacar agua. Mientras la mujer baja su cántaro al pozo, el Señor Jesús le pide: "- ¡Por favor, dame un poco de agua!" La señora, asombrada, le dice: "- ¿Tú me pides agua? Los judíos normalmente no hablan con los samaritanos."

"- Si tú supieras quién soy, me pedirías por algo que calmaría tu necesidad de Dios. Siempre tenemos que buscarnos agua para nuestra sed. Pero lo que Dios da al hombre para su alma, permanece para siempre." A la mujer le encantaría tener eso.

Durante la conversación ella se da cuenta que este extraño sabe todo sobre ella. 'Debe ser un hombre de Dios', piensa. Y como él tiene otra religión, ella le pregunta por el verdadero Dios. ¿Quién mejor que el Señor Jesús para explicarle eso? De repente ella está convencida: ¡El hombre que habla con ella es el Hijo de Dios! Sólo Él puede dar vida eterna y con sentido, y ella acepta que Él se la regale.

1. ¿Dónde hace una pausa el Señor Jesús?
2. ¿Quién piensa la mujer que es el Señor Jesús?
3. ¿Qué permite la mujer que el Señor Jesús le regale?

El Señor Jesús sana a un muchacho
(Juan 4:43-54)

El Señor Jesús camina con sus discípulos por el camino a la aldea de Caná, donde él transformó el agua en vino. Un alto oficial del gobierno escuchó de eso y viaja hacia Caná. Es el miedo que lo impulsa a ir al Señor Jesús. Su hijo está muy enfermo, a punto de morir. El Señor Jesús es el único quien puede salvar a su hijo. Ansioso, dice a Jesús: "- ¡Ven rápido conmigo a casa! Mi hijo está muerto. Va a morir. ¡Sólo tú lo puedes sanar!" El hombre confía que el Señor Jesús tiene poder par eso. Jesús gime: "- Los hombres siempre sólo quieren ver milagros para poder creer en mí."

Pero al padre preocupado no le desconciertan estas palabras. Nuevamente ruega: "- ¡Señor, ven, pues, para que mi hijo no muera!"

El Señor Jesús ve cuán desesperado él está y dice: "- ¡Anda tranquilamente a casa! Tu hijo está sanado."

El hombre cree a Jesús. Aunque no sabe cómo termina, vuelve enseguida a Capernaúm. Ya en el camino un siervo le viene al encuentro llamando: "- ¡Ha pasado un milagro! ¡Tu hijo vive!"

El padre, feliz, se entera que el hijo se mejoró exactamente en la hora en que el Señor Jesús dijo: "- ¡Tu hijo está sanado!" Ya no cabe duda: El Señor Jesús es verdaderamente el Hijo de Dios. Ahora él quiere creer en Él para siempre.

1. ¿Por qué el oficial del gobierno busca al Señor Jesús?
2. ¿Qué le pide al Señor Jesús?
3. ¿Cómo sana al Señor Jesús al muchacho?

El Señor Jesús sana a un hombre solitario
(Juan 5:1-16)

Ya de lejos se escucha el gemir y las quejas de los enfermos. La mayoría está cerca del estanque de Betesda. Es que se dice que si un enfermo se baña en esta agua ni bien se muevan, es curado.

Hoy el Señor Jesús va a este lugar de miseria. Camina hacia un enfermo que hace treinta y ocho años está enfermo, acostado en un lecho, lleno de dolores. El Señor Jesús sabe cómo se siente y le pregunta: "- ¿Quieres ser sano?" – "- ¡Por supuesto! Pero estoy demasiado enfermo para llegar al agua. Aparte no tengo a nadie. Estoy muy solo."

Entonces el hombre que tiene tantos dolores escucha del Señor Jesús: "- ¡Tú estás curado! Levántate, toma tu lecho y vete a casa." El hombre lo cree. Es verdad: puede pararse, moverse, caminar – está completamente sano.

Todavía el que ha sido sanado no sabe quién ha hecho este milagro en él. Agradecido, va al templo para orar. Allí se vuelve a encontrar con el Señor Jesús. Y otra vez habla con El. Su voz suena bondadosa y seria al mismo tiempo: "- Mira que has sido sanado; no peques más para que no te vaya peor." El hombre sanado se inclina a tierra. Quizás el pecado fue el motivo por su enfermedad. No siempre es así. Pero el Señor Jesús no sólo sana enfermedades. Él ayuda también a que no se vuelva a hacer lo malo.

1. ¿Por qué el enfermo está echado junto al estanque?
2. ¿Qué hace el Señor Jesús con el enfermo?
3. ¿Adónde va primero el hombre sanado?

El Señor Jesús da de comer a mucha gente
(Juan 6:1-15)

Muchos, muchos hombres, mujeres y niños están con el Señor Jesús y sus discípulos. A todos les Les gusta cuando Él les cuenta de Dios. Están todo el día con Él.

Cuando llega el tiempo de ir a casa para comer, todos se quedan. Quieren escuchar más acerca de Dios. Pero el Señor Jesús ve que la gente tiene hambre. Le pide a los discípulos que ellos les den de comer. ¿Cómo pueden hacerlo? Para tantas personas jamás podrían conseguir suficiente comida. Aparte ya se hizo tarde.

Ahí viene Andrés con un niño de su mano. Este pequeño oyente se dio cuenta que Jesús preguntó por algo de comida. "- Esto es todo lo que tengo pero os lo doy." Son cinco pequeños panes de cebada y dos peces secos. El Señor Jesús se alegra de que el niño quiere compartir su comida con todos. Entonces ordena que toda la gente se sienta. El Señor Jesús da gracias por la comida y comienza a repartir. En eso sucede un milagro: El pan y los pescados no disminuyen. Todas las personas pueden comer hasta estar saciados. Y cuando los discípulos recogen los panes sobrantes, llenan todavía doce canastas.

El Señor Jesús también se alegra de nosotros cuando nos gusta compartir con los demás. Es mucho más lindo dar una parte a otro en vez de quedarse con todo.

1. ¿Por qué los hombres y las mujeres fueron al Señor Jesús?
2. ¿Cuántos panes y peces tiene el muchacho?
3. ¿Cuántas canastas de panes que sobran llenan los discípulos?

El Señor Jesús hace que un ciego vea
(Juan 9)

Al borde del camino está sentado un pobre mendigo. Es ciego de nacimiento. Para él siempre está oscuro. Él nunca vio a su padre o a su madre.

"- ¿Por qué el hombre está ciego?", quieren saber los discípulos. "- ¿Ha hecho algo malo? ¿O tienen la culpa sus padres?" "- Nadie tiene la culpa. Él es ciego porque Dios quiere mostrar a través de una sanidad, cuán poderoso es.", dice el Señor Jesús. Él escupe en tierra, hace un lodo con las manos y lo pone en los ojos del ciego: "- Ve al estanque de Siloé y lávate la cara allí." El ciego cree al Señor Jesús y hace lo que él dice. Con cuidado va palpando el camino al estanque y se lava allí la cara. ¡De pronto él puede ver! Está saltando de alegría.

Los vecinos casi no lo pueden creer: "- ¿No eres tú el mendigo ciego? ¿Por qué puedes ver de repente?" Con gusto el mendigo cuenta cómo quedó sano. – Sólo que no sabe quién lo sanó. Él no conoce al Señor Jesús.

Más tarde el Señor Jesús vuelve a ver al mendigo. Le pregunta: "- ¿Crees en el hijo de Dios?" – "- Si tan sólo supiera quién es. Me gustaría creer en él.", responde el sanado. "- ¡Yo soy!", dice el Señor Jesús. Entonces el hombre cae delante de él arrodillado diciendo: "- ¡Sí, Señor, creo en ti!"

1. ¿Cómo es sanado el ciego?
2. ¿Quiénes se asombran de su sanidad?
3. ¿En quién cree el mendigo?

El Señor Jesús, el buen pastor
(Juan 10:1-30)

Es de noche. Las ovejas están acostadas pegadas una a la otra y duermen. Bajo la protección del pastor se sienten seguras. Él cuida de ellas de día y de noche. A los animales salvajes y a los ladrones los ahuyenta.

El pastor conoce a cada una de las ovejas por nombre. Cuando las llama, ellas lo escuchan y le siguen. Las ovejas conocen la voz de su pastor. A un pastor desconocido no le siguen, aunque él grite y las atraiga como quiera.

Un buen pastor camina delante de las ovejas y busca para ellas la mejor comida, la mejor agua. Les da descanso cuando el sol quema del cielo. A los corderos los lleva en sus brazos. Ovejas heridas son vendadas. Y cuando una oveja se aparta del rebaño y se pierde, la busca hasta encontrarla.

El Señor Jesús también es como un buen pastor. Él se preocupa y cuida de los hombres que lo aman. Estos son niños, hombres, mujeres y personas mayores. El Señor Jesús cuida de ellos día y noche. Ni un momento los deja solos. Él les provee y les da lo que necesitan para vivir.

1. ¿Cómo cuida el buen pastor de sus ovejas?
2. ¿Quién es nuestro buen pastor?
3. ¿A quiénes provee el Señor Jesús?

El Señor Jesús
hace que Lázaro vuelva a vivir
(Juan 11:1-46)

Lázaro está muy enfermo. De día en día él está peor. María y Marta hacen de todo para que le vaya mejor a su hermano. Pero nada ayuda. Hasta el doctor no sabe qué hacer. "- ¡Ah, si el Señor Jesús estuviera aquí!", dicen las hermanas, desalentadas. "- Sólo Él podría ayudar a Lázaro."

Rápidamente envían un mensajero a Él y le dicen: "- Lázaro, tu amigo, está muy enfermo. Pronto va a morir."

Pasan un día y otro día más. Después Lázaro muere. Ambas mujeres están muy tristes. "- ¿Por qué será que el Señor Jesús no vino?", se preguntan. Por causa del calor tienen que sepultar a su hermano aún en el mismo día. Lo colocan en una tumba en la roca y delante de la entrada ruedan una gran y pesada piedra. Después de cuatro días María y Marta escuchan que Jesús está en su aldea. Enseguida Marta corre a su encuentro diciendo: "- Señor, si hubieras estado aquí, Lázaro viviría todavía. Pero yo sé que todo lo puedes si pides a Dios por ello." Entonces el Señor Jesús dice: "- Tu hermano vivirá. Porque el que cree en mí, vivirá en el cielo aunque su cuerpo esté muerto." Sí, esto lo quiere creer Marta. También María está convencida de eso. Y entonces el Señor Jesús hace un milagro. Él hace que Lázaro vuelva a vivir. De esta manera Él quiere mostrar a los hombres que Él es el dueño sobre la vida y la muerte. Y a partir de ese día muchos creen en el Señor Jesús, el Hijo de Dios.

1. ¿Cómo se llaman las hermanas de Lázaro?
2. ¿Dónde es sepultado Lázaro?
3. ¿Qué sucede con Lázaro después de su sepelio?

El Señor Jesús se aparece a sus discípulos
(Juan 20:11-31)

"- ¡La tumba está vacía! El Señor Jesús no está más." María llora desconsolada. Apenas puede hablar: "- Alguien se debe haber llevado a mi Señor, ¿pero quién? " Aun antes de poder secar sus lágrimas, alguien le pregunta de repente: "- ¿Por qué lloras? ¿Buscas a alguien?" Es el Señor Jesús, pero María no lo reconoce. Ella cree que es el jardinero. Recién cuando el Señor Jesús le habla con su primer nombre, ella está segura: Este hombre es su Señor. Sí, él es. ¡Él vive!

Ahora el Señor Jesús le dice lo que ella tiene que hacer a continuación: "- Ve rápido a mis discípulos y cuéntales lo que has vivido. Diles que pronto volveré a mi Padre y a vuestro padre en el cielo."

María está loca de alegría. El Señor Jesús vive, no está más muerto y no la deja sola. Rápidamente ella corre a los discípulos y les cuenta agitada lo que ha vivenciado.

En la misma tarde también los once discípulos ven al Señor Jesús. Él se preocupa por ellos porque sabe cuán tristes están. Él sabe también que ellos se sienten solos y tienen miedo de los líderes religiosos de Israel. Como prueba de que es realmente él, les muestra sus manos y su costado que fueron lastimados en la crucifixión. Más tarde también lo ve el discípulo Tomás. La última vez él no había estado. Ahora todos los discípulos están convencidos: ¡El Señor Jesús vive en verdad!

1. ¿Por qué llora María?
2. ¿Por qué María tiene que contar que el Señor Jesús vive?
3. ¿Por qué el Señor Jesús muestra sus manos y su costado?

El Señor Jesús vuelve al cielo
(Hechos 1:1-14)

Los hombres han crucificado al Señor Jesús. Él estaba muerto y volvió a vivir. Los discípulos están contentos que él está nuevamente con ellos. Pero no por mucho tiempo.

Hoy el Señor Jesús está por última vez con sus discípulos. Él deja atrás la ciudad de Jerusalén y se encamina hacia el monte llamado de los Olivos. Allí quiere despedirse de ellos y volver a su padre celestial. Los consuela diciéndoles: "- Después que os haya dejado, ¡quedaos en Jerusalén! Mi padre enviará – así como lo prometió – el Espíritu Santo sobre vosotros. A través de él recibiréis fuerza y valor para poder contar a todos los hombres de mí. Pero después también debéis ir a otros países y contar a todos los hombres de mí. El Espíritu Santo os ayudará en eso."

Cuando el Señor Jesús terminó de hablar, de repente es llevado a la vista de ellos arriba al cielo. Una nube lo recibe. – Ahora está de nuevo con Dios, Su padre, en el cielo.

Mientras los discípulos todavía miran perplejos al cielo, dos ángeles se paran al lado de ellos. "- Vosotros, hombres", dicen, "- ¿qué hacéis aquí parados mirando al cielo? Dios ha tomado a Jesús nuevamente consigo al cielo. Un día volverá de la misma manera."

Entonces los discípulos vuelven a Jerusalén. Allí quieren esperar la venida del Espíritu Santo. Ya están ansiosos por ello.

1. ¿Adónde va el Señor Jesús para despedirse de sus discípulos?
2. ¿Qué promete el Señor Jesús a sus discípulos?
3. ¿Cómo se va el Señor Jesús de la Tierra?

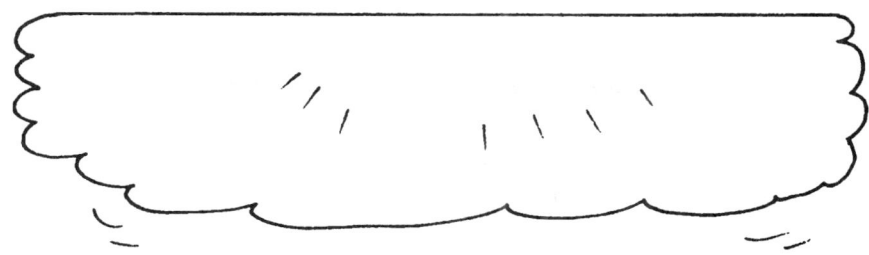

Un paralítico vuelve a saltar
(Hechos 3)

Cada día el paralítico es llevado a la puerta que conduce a la casa de Dios, el templo. Nunca en su vida él ha podido andar. No puede trabajar ni ganar dinero. Por eso depende de sus amigos y de mendigar algunas piezas de moneda.

Son apenas las tres de la tarde. Pedro y Juan quieren ir al templo para orar. El paralítico también pide a estos hombres que le den algo. Ellos se detienen delante de él. "- ¡Míranos!", dice Pedro. 'Ahora seguro me van a dar dinero', piensa el enfermo. Pero Pedro sigue hablando: "- No tengo dinero, pero lo que tengo te doy. En el nombre de Jesús de Nazaret: ¡Levántate y anda!" En eso lo toma de la mano. Y verdaderamente el hombre se levanta. Queda parado. Esto es increíble para el mendigo – ¡puede caminar! A este Jesucristo, en cuyo nombre él fue sanado, lo quiere conocer. Enseguida se une a Pedro y a Juan quienes están yendo al templo. Él también quiere orar y agradecer.

Todos los visitantes del templo reconocen al mendigo. Ven que puede caminar. ¿Qué pasó?

Después del culto Pedro explica a las personas curiosas que el Señor Jesús no sólo puede sanar sino también purificar corazones pecadores.

1. ¿Dónde está sentado el pobre mendigo?
2. ¿Qué dice Pedro al mendigo y en qué nombre lo sana?
3. ¿Por qué el sanado va enseguida al templo?

Un tesorero busca al Dios verdadero
(Hechos 8:26-40)

Un hombre tiene todo lo que se puede desear: dinero, siervos, una hermosa carroza. Como alto funcionario del gobierno él está a cargo de mucho dinero y tesoros. Él podría ser más que feliz.

Pero hay preguntas que, a pesar de la buena vida, nadie puede contestar: ¿Cómo puedo recibir el perdón por mis hechos malos? ¿Qué pasa conmigo después de la muerte?

Él escuchó que los judíos creen en un Dios vivo y poderoso y saben una respuesta. Así que él emprende un viaje yendo muchos, muchos kilómetros para adorar a ese Dios en Jerusalén. ¿Será que encuentra ayuda allí? No, no la encuentra.

Antes del viaje de vuelta él recibe un rollo del profeta Isaías. Lee atentamente en él pero no puede entender el sentido de las palabras. Entonces Dios envía el misionero Felipe a él – en medio del desierto. Tiene que sentarse con él en la carroza para explicar qué es lo que el profeta quiere decir. Isaías se refiere al Señor Jesús. El tesorero escucha por primera vez que el Señor Jesús murió por todas nuestras malas obras y después volvió a vivir. Podemos ser perdonados cuando venimos a Él con confianza.

El tesorero hace exactamente eso. Viene con confianza ante el Señor Jesús. Por fin encontró lo que buscaba: el perdón de pecados. Alegre y feliz vuelve a su casa.

1. ¿Por qué viaja el tesorero a Jerusalén?
2. ¿Qué cuenta Felipe al tesorero?
3. ¿De qué se alegra el tesorero y se siente feliz?

Saulo se convierte al Señor Jesús
(Hechos 9:1-25)

Saulo es un hombre inteligente y religioso. Él se esfuerza mucho en no hacer lo malo. Va regularmente al templo, lee mucho las Sagradas Escrituras, escucha a sus maestros, hace y cree todo lo que ellos le dicen. Ellos afirman que los cristianos mienten cuando dicen: Jesús es el Hijo de Dios. Murió por los pecados. Resucitó de la muerte y vive.

Entonces Saulo decide hacer lo malo con los cristianos. Él se propone: un día nadie más va a creer en Jesús si yo los combato. Los maestros y sumos sacerdotes le permiten sacar a los cristianos de sus casas y echarlos en la cárcel. Saulo también lo hace con éxito.

Algunos cristianos logran huir a la lejana ciudad de Damasco. Pero Saulo también los quiere localizar allí.

Estando cerca de Damasco de repente le aparece una luz muy intensa. Saulo cae a tierra mientras escucha una voz: "- ¡Saulo! ¡Saulo! ¿Por qué me persigues?" "- ¡Señor! ¿Quién eres?" llama Saulo asustado. "- ¡Yo soy Jesús, a quién tú persigues! Ve a la ciudad. Allí escucharás lo que has de hacer." Saulo de pronto entiende: Entonces Jesús vive. Si estaría muerto, no podría hablar conmigo ahora.

Ciego y desamparado, Saulo llega a la ciudad. Allí posa en una casa. Por tres días no come ni bebe nada, arrepintiéndose de lo que hizo y orando mucho. Saulo aprendió: El Señor Jesús vive. Él le ha perdonado sus pecados. A partir de ahora Saulo quiere pertenecer a él y servirle.

1. ¿Qué hace Saulo con los cristianos?
2. ¿Quién habla con Saulo frente a la ciudad de Damasco?
3. ¿Qué hace Saulo en Damasco?

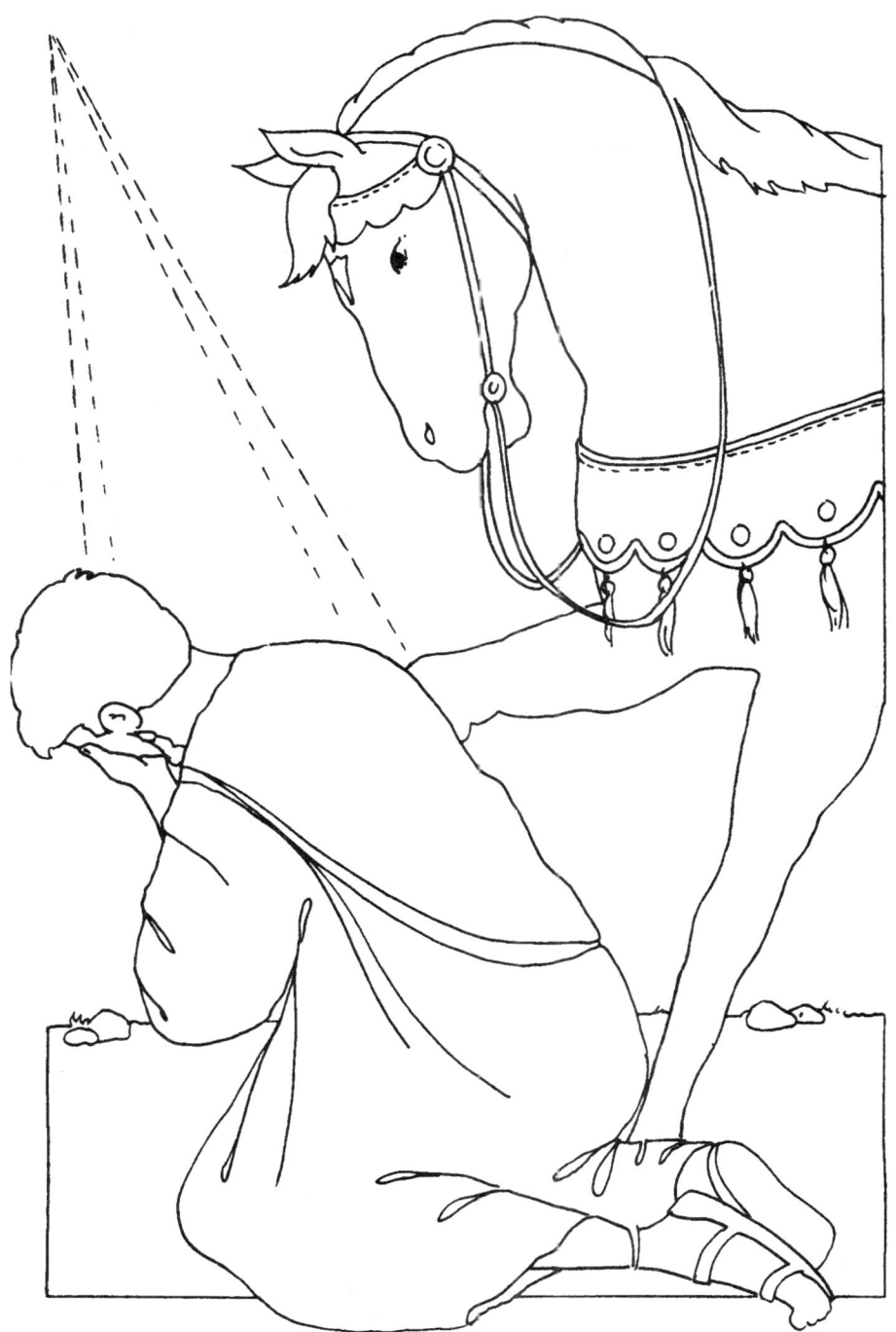

Un centurión se hace cristiano
(Hechos 10)

Cornelio, el centurión romano, camina ansioso por la casa. Ha invitado a todos sus parientes y amigos para que vengan a su casa. Está esperando por el judío Simón Pedro. Cornelio había enviado mensajeros a él con el pedido que él le visite. En cualquier momento puede llegar. - Por fin llegó Pedro. Cornelio lo saluda amablemente. Pedro pregunta: "- ¿Por qué me llamaste?" Cornelio responde: "- Queremos escuchar qué nos tienes que decir de parte de Dios."

Pedro conoció al Señor Jesús personalmente. Claro, él fue su discípulo. Y así le habla del Señor Jesús, de su vida como Hijo de Dios, de los milagros y de las personas que él sanó. Cornelio y sus amigos escuchan atentamente. Pedro cuenta del amor que el Señor Jesús tiene hacia todos los hombres. También de su muerte en la cruz. Al final Pedro cuenta a los oyentes que el Señor Jesús no murió sólo por el pueblo judío, sino por toda la gente en el mundo. O sea que también por el romano Cornelio.

El centurión cree firmemente en eso y experimenta en ese día: El Señor Jesús también perdonó sus pecados. ¡Qué feliz está ahora! Sus parientes y amigos también lo hacen. Ellos alaban y dan gracias a Dios por lo que Él ha hecho en ellos.

1. ¿Por qué el centurión romano hizo llamar a Pedro?
2. ¿Qué cuenta Pedro al centurión y a sus amigos?
3. ¿Qué experimentan el centurión, sus parientes y amigos?

La liberación de la cárcel
(Hechos 12:1-17)

La noche en la cárcel es especialmente oscura. No ves ni a la palma de la mano. A veces hacen ruido las cadenas, con las que Pedro está atado a dos soldados. Delante de la entrada hay guardias. Es imposible huir de esta cárcel. El rey Herodes arrestó a Pedro. Él persigue a las personas que creen en Jesús.

Pedro duerme. De repente en su calabozo hay una luz como si fuera de día. Una mano lo despierta. ¿O solo sueña? A su lado hay un ángel que le dice: "- ¡Pedro, levántate pronto!" - "- ¡No puede ser!", dice Pedro a sí mismo. "- Si estoy atado a estos dos soldados." De repente la cadenas en sus pies se abren. Pedro se levanta y sigue al ángel. ¿Pero es que los soldados no se dan cuenta de nada? El ángel camina delante de Pedro. Llegan al portón de hierro. Se abre. Delante de ellos está la calle. Pedro se frota los ojos y se da la vuelta. El ángel desapareció. Los guardias no notaron nada. Pedro no soñó. ¡Él está libre! Empieza a respirar el aire fresco de la noche.

Pero ahora quiere volver rápido adonde están sus amigos. ¿Será que él sabe que toda la noche estuvieron orando por él? ¡Entonces les quiere decir que Dios, el Señor, ha escuchado sus oraciones!

Nosotros también debemos recordarlo siempre: Dios aun hoy escucha oraciones oraciones que hacen varias personas a la vez.

1. ¿Por qué el rey Herodes echó a la cárcel a Pedro?
2. ¿Cómo es librado Pedro de la cárcel?
3. ¿Quién ha orado toda la noche por Pedro?

Pablo sana a un cojo de nacimiento
(Hechos 14:8-22)

Pablo y Bernabé están de viaje. Por todos lados adonde van cuentan a las personas cuánto el Señor Jesús les ama y les puede cambiar la vida.

En Listra Pablo observa a un hombre que le escucha atentamente. Parece que nunca escuchó que el Señor Jesús ama a todo hombre y que él es poderoso y puede hacer milagros. El hombre es cojo de nacimiento. Desea tanto ser sanado. De repente Pablo le dice: "- ¡Levántate, ponte sobre tus pies!" El hombre se levanta de un salto. ¡En verdad puede caminar! La gente está entusiasmada. Como no saben nada de Dios, dicen: "- ¡Ved, los dioses han tomado forma de hombres y ahora están con nosotros!" Pablo y Bernabé están horrorizados. "- ¡No!", gritan lo más fuerte que pueden. "- ¡No somos dioses!" Pero la gente lo sigue creyendo. Pablo lo intenta otra vez: "- ¡Oid! ¡Somos hombres bien normales! Queremos traeros las buenas noticias de Jesús, deciros que os apartéis de los dioses para volveros al Dios vivo!" Sólo poco a poco las personas se calman.

De repente aparecen hombres judíos. Les molesta que Pablo y Bernabé tengan tantos oyentes. Convencen a la multitud, no escuchar a la buena nueva. Hacen que tiren piedras sobre Pablo, pero Dios lo guarda. A pesar de los muchos enemigos, Pablo sigue contando del Señor Jesús y muchos llegan a la fe.

1. ¿Qué hace Pablo con el paralítico?
2. ¿Qué dicen las personas que son Pablo y Bernabé?
3. ¿De quién cuenta Pablo después que le tiraron piedras?

El carcelero halla nueva vida en Jesús
(Hechos 16:16-40)

Cuidadosamente el barco llega al puerto de Filipos. Pablo y Silas quieren conocer a las personas de esta ciudad. ¿Será que hay cristianos aquí? Ellos salen afuera a la playa del río. Allí encuentran a judíos creyentes que se reunieron para orar. Entre ellos también está Lidia. Cuando ella escucha de Pablo cuánto ama Dios a los hombres y que Él dejó a su Hijo morir por el pecado, ella cree en el Señor Jesús.

Cada día los hombres salen al río. Y siempre hay una mujer que grita atrás de ellos. Pablo sabe: El diablo la ha hecho así de mala. Un día él dice con autoridad: "- En el nombre de Jesucristo, deja a esa muchacha en paz!" De repente la mujer está calma. A algunos hombres esto les molestaba mucho. Están enojados con Pablo y Silas, los arrestan y los llevan al juez de la ciudad. Aunque son inocentes, ellos son echados a la celda más oscura de la cárcel.

A la medionoche Pablo y Silas oran juntos. Ellos cantan canciones del Señor Jesús. De repente la tierra tiembla, ¡todas la puertas de la cárcel se abren! Desesperado, el carcelero grita: "- ¡Todos los prisioneros han huído!" Él se quiere quitar la vida. "- ¡Espera!", grita Pablo. "- Estamos todavía todos aquí." Temblando, el carcelero se precipita en su celda, cae de rodillas y balbucea: "- Señores, decidme, ¿qué tengo que hacer para ser salvo de mis pecados?" Pablo y Silas le contestan gustosamente esta pregunta: "- Cree en el Señor Jesús, confía tu vida a Él. Esto también lo puede experimentar tu familia."

1. ¿Cómo se llama el lugar al que van Pablo y Silas aunque no han hecho nada malo?
2. ¿Qué hacen Pablo y Silas a la medianoche?
3. ¿Qué quiere saber el carcelero de Pablo y Silas?

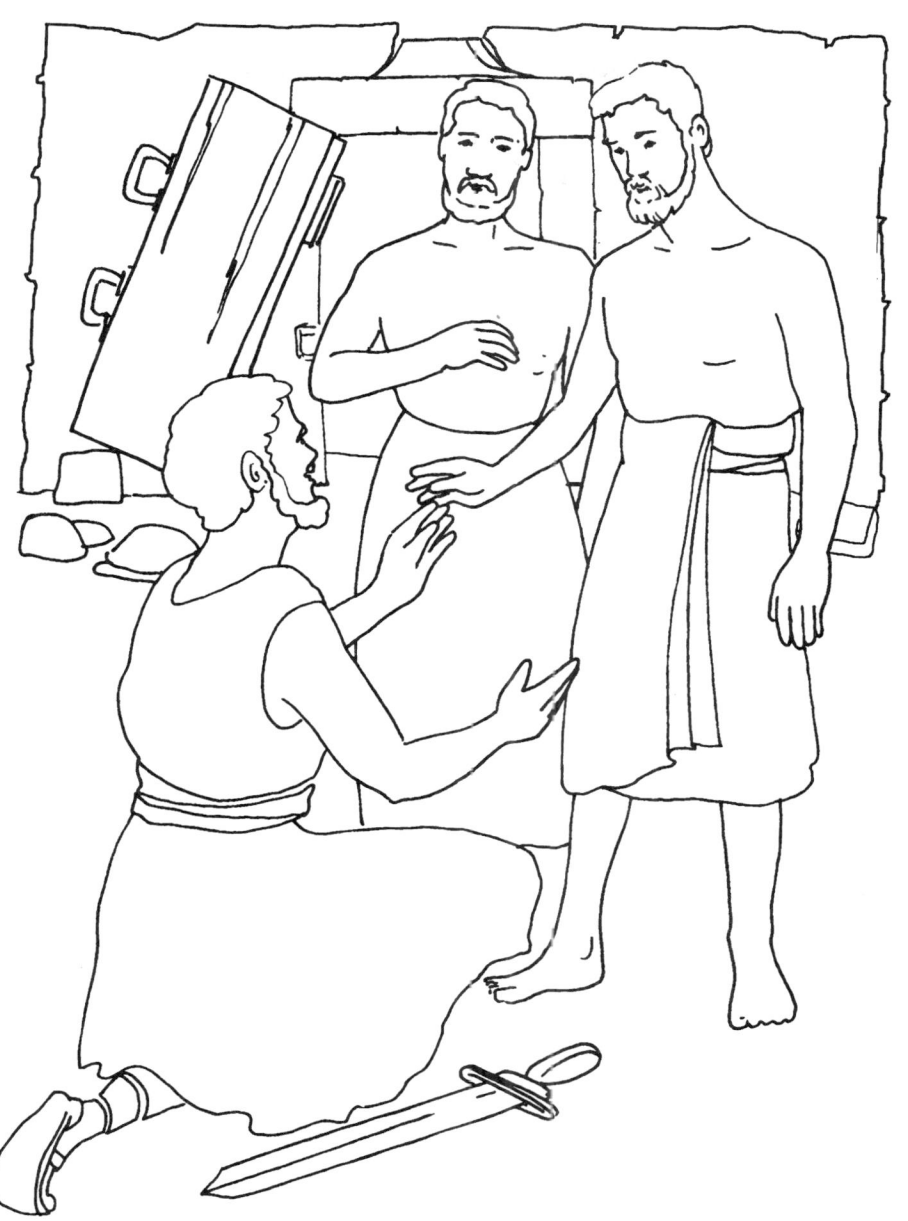

Un peligroso viaje en barco
(Hechos 27)

Tormentas de otoño barren el océano. Olas enormes y altas tiran al barco de carga a velas, en el que está Pablo como prisionero, de un lado para el otro. Él dice al capitán: "- Simplemente es la estación del año equivocada. No llegaremos con vida a Roma con este temporal. Permítenos quedar en Buenos Puertos hasta la primavera." El capitán está enfadado con el consejo de Pablo. "- ¡Bah, qué sabe un prisionero de la navegación! ¡Lo lograremos!"

Pero pronto la tripulación tiene que usar todas sus fuerzas para recoger las velas. La tormenta del Norte hace que las olas irrumpan con gran ímpetu contra la nave. Casi se rompe. La nave amenaza con naufragar. Hay miedo y desesperación entre la gente. Parece que nadie les puede ayudar.

¿Y el misionero Pablo? Él pide a Dios por salvación. La tormenta ruge tan fuerte que los pasajeros casi no pueden oír qué es lo que Pablo de repente quiere decirles: "- Dios me prometió que nadie de nosotros morirá." La mayoría ni lo puede creer. Pero nosotros sabemos que cuando Dios dice algo, lo cumple.

Después de dos penosas semanas la nave choca con un banco de arena. Se parte en dos pero todos pueden salvarse a tierra.

Y es cierto: Cuando Dios dice, que salva a todos, entonces nadie perece.

1. ¿Qué sucede cuando Pablo está en el barco?
2. ¿Quién no escucha el consejo de Pablo?
3. ¿Qué prometió Dios a Pablo?